Le défi d'être mère
Un guide pour les mères fatiguées, en quête de paix,
de sens et d'amour inconditionnel

Le défi d'être mère
Un guide pour les mères fatiguées, en quête de paix,
de sens et d'amour inconditionnel

Solange BRETO

© Solange BRETO, 2025.

Le Code de la propriété intellectuelle et artistique n'autorisant, aux termes des alinéas 2 et 3 de l'article L.122-5, d'une part, que les « copies ou reproductions strictement réservées à l'usage privé du copiste et non destinées à une utilisation collective » « toute représentation ou reproduction intégrale, ou partielle, faite sans le consentement de l'auteur ou de ses ayants droit ou ayants cause, est illicite » (alinéa 1er de l'article L. 122-4). Cette représentation ou reproduction, par quelque procédé que ce soit, constituerait donc une contrefaçon sanctionnée par les articles L. 335-2 et suivants du Code de la propriété intellectuelle.

Photographe première de couverture : Gwendo_Lyne_Photographe

Édition : BoD · Books on Demand, 31 avenue Saint-Rémy, 57600 Forbach, bod@bod.fr
Impression : Libri Plureos GmbH, Friedensallee 273, 22763 Hamburg (Allemagne)
Impression à la demande

ISBN : 978-2-3226-3525-2

Dépôt légal : juin 2025

PREFACE

L'auteure, mère et psychologue, trace tout au long de ce livre son expérience personnelle et celle de nombreuses femmes devenues mères. Grâce au recul qu'elle a su prendre sur son histoire et ses connaissances, elle est la meilleure personne pour parler des processus qui mènent à l'épuisement maternel et des solutions pour en sortir.

Fonder une famille est un projet magnifique qui peut être mis à mal par les circonstances, l'environnement et la nouvelle dynamique qu'engendre un nouveau-né. Nos croyances, nos préjugés, la peur du regard de la société sur la façon d'éduquer nos enfants y contribuent grandement. Néanmoins, l'épuisement maternel n'est pas une fatalité. Le processus peut s'inverser grâce aux attentions que nous nous portons en tant qu'êtres humains. Loin d'être facile, notre propre remise en question s'effectue étape par étape selon nos besoins.

Ce livre est une ode à vivre pleinement sa propre vie en tant qu'être humain et maman, à vivre une parentalité active et sereine. Donner l'exemple à notre enfant fait partie de notre mission de parents ; une vie épanouie dans laquelle chacun accueille avec résilience ses faiblesses et fait de ses qualités et ses désirs de véritables atouts pour affronter l'adversité.

Les papas, les familles, les amis, les voisins devraient lire ce livre pour comprendre et aider les mères à supporter ce poids parfois si lourd d'une nouvelle vie, d'un nouvel être.

Allez voir votre voisine, cette mère aux oreilles cassées par les pleurs inconsolables, proposez-lui un moment de calme, de sommeil. Allez voir cette mère qui retient ses larmes au rayon fruits et légumes devant son enfant qui se tape par terre en criant, et dites-lui « Je vous comprends, ne vous inquiétez pas, ça va passer… Lisez ce livre.» Cette solidarité fera de notre société un espace de vie bienveillant, d'entraide et d'amour. Chacun d'entre nous participe à la construction de notre époque et de la suivante.

Vous, mères, êtes les piliers, les fondations des générations futures. Prenez soin de vous. Aimez-vous et le monde vous aimera à commencer par vos enfants.

Dr David Rosellini, pédiatre.

UN MOT IMPORTANT, AVANT DE COMMENCER...

Ce livre est issu de mon expérience professionnelle de psychologue de l'enfant et de mon parcours personnel de mère. Il a été conçu comme un guide de réflexion, de soutien et d'inspiration pour toutes les mères en situation d'épuisement ou en quête de sens et de sérénité dans leur maternité.

Il ne remplace en aucun cas un accompagnement thérapeutique individualisé, médical ou psychologique. Chaque situation est unique, et certaines blessures ou souffrances profondes nécessitent un suivi adapté par des professionnels de santé qualifiés.

Si vous vous sentez dépassée, en grande détresse, ou si vous avez des pensées envahissantes ou des idées noires, je vous invite à vous rapprocher d'un(e) professionnel(le) ou d'un service de santé mentale.

Ce livre se veut un compagnon de route, une main tendue, mais jamais un substitut à l'aide personnalisée que vous méritez pleinement.

SOMMAIRE

Préface 5
Un mot important, avant de commencer........................... 7
Introduction Revenir à soi, pour mieux aimer 11
Partie 1 Sortir du mode survie..23
   Chapitre 1 : La spirale de l'épuisement 27
   Chapitre 2 : Les conséquences de l'épuisement maternel 46
   Chapitre 3 : Les mythes de la mère parfaite.................60
   Chapitre 4 : Apprendre à se reconnecter à soi 72
Partie 2 : L'organisation, un rempart sur le stress 93
   Chapitre 5 : L'amour de soi au quotidien.....................97
   Chapitre 6 : Désencombrer, faire le vide pour faire le plein..117
   Chapitre 7 : To-do list, votre alliée pour une sérénité retrouvée 130
   Chapitre 8 : Routines, moins de stress, plus d'harmonie. 144
   Chapitre 9 : Déléguer, se libérer du poids pour mieux vivre... 159
   Chapitre 10 : Batchcooking, simplifier pour mieux profiter 174
Partie 3 : Aller vers l'épanouissement............................ 187
   Chapitre 11 : Amour de soi et amour des autres..........191

Chapitre 12 : être un modèle pour son enfant 202

Chapitre 13 : Vivre une maternité épanouissante 212

Chapitre 14 : La Spirale de l'Épanouissement : Inverser la Tendance 224

Conclusion Une transformation intérieure pour un impact extérieur 233

Remerciements 237

À propos de l'autrice 239

Bibliographie et ressources 240

Coordonnées 242

INTRODUCTION
REVENIR A SOI, POUR MIEUX AIMER

Et alors que la vie me donnait une centaine de raisons de pleurer, mon bébé me montrait que j'en avais mille de sourire !

C'était un jour de pluie. Je tenais dans mes mains les résultats du laboratoire : j'étais enfin enceinte ! Je venais de vivre un long parcours de PMA (Procréation Médicalement Assistée), dans une attente portée par l'espoir, où chaque étape me rapprochait de ce rêve qui me semblait pourtant encore si loin. Mon parcours de PMA a commencé dans cette lumière, pleine d'espoir, de rêves et de promesses. L'idée de devenir mère était plus forte que tout, et chaque étape, chaque traitement, était une occasion de croire que ce jour viendrait enfin.

Je vivais l'une des plus belles périodes de ma vie. Mariée à un homme que j'aimais, épanouie professionnellement, entourée et soutenue, dans une vie rythmée par les voyages et la danse.

Je me souviens de ce moment comme si c'était hier, un mélange d'extase et de nervosité qui m'envahissait. Je tenais dans mes mains ce document, et tout à coup, le monde s'était arrêté de tourner dans un instant de grâce. Je n'avais jamais ressenti une émotion aussi forte, une joie aussi pure, aussi indiscutable. Après tant de semaines d'angoisses, de peur profonde de ne jamais tenir un enfant dans mes bras, c'était enfin là : ce résultat, cette preuve que mon rêve pouvait devenir réalité. J'avais hâte de l'annoncer au futur papa, j'étais prête à l'embrasser, à lui faire partager ma joie, à voir son regard briller lui aussi.

Mais alors que je lui tendais le document, dans un regard qui portait toute la joie que j'éprouvais, j'ai vu quelque chose que je n'avais pas anticipé : j'ai vu son visage se figer. Ce n'était pas le sourire que j'espérais, ni même cette lueur d'étonnement. Non, c'était autre chose… un effroi. Un vide qui s'est installé, aussi brutal que le choc de cette nouvelle que je croyais, pourtant, si heureuse.

Dans son silence lourd, j'ai ressenti tout ce que j'avais espéré ne jamais avoir à affronter : la peur, l'inquiétude, l'angoisse. La joie immense que je ressentais se heurtait violemment à son trouble. J'étais là, pleine de vie et de bonheur, et lui semblait figé dans un tourbillon de doutes et de terreur. Je n'arrivais pas à comprendre. Et je n'ai d'ailleurs toujours pas compris. Deux mondes se superposent alors, dans un duel silencieux entre nos deux perceptions. Ce moment précis, une fraction de seconde, a figé l'avenir de notre couple dans un décalage irrémédiable. L'annonce de ma grossesse, qui aurait dû être un moment d'euphorie partagée, s'est transformée en une source de fracture. De mon côté, un bonheur pur et puissant m'envahissait. J'étais pleine d'espoir, d'amour, de gratitude face à ce rêve devenu réalité. Mais dans le même instant, je percevais cette distance, ce froid de l'autre côté de la pièce. Lui, en proie à une souffrance silencieuse, avait du mal à cacher un effroi qui m'a frappée en pleine poitrine. Cette réaction, comme un coup de tonnerre, ne faisait que mettre en lumière ce qu'il m'avait dissimulé jusque-là : son non-désir d'enfant. Ses promesses faites dans un autre temps, sur un autre ton, prenaient un goût amer aujourd'hui, comme un mensonge qu'il avait fini par croire lui-même.

Ce fossé qui s'était ouvert entre nous n'a cessé de se creuser, et il est devenu la terre dans laquelle mes racines d'épuisement ont puisé. Je savais qu'il souffrait, mais à chaque tentative d'ouverture, de dialogue, de réassurance, je me heurtais à un mur d'indifférence ou de rejet. Le poids de la déception s'ajoutait à celui du silence, et je me retrouvais dans une impasse émotionnelle. Comment rassurer quelqu'un qui n'a même pas les mots pour exprimer ce qu'il ressent ? Comment pardonner des réactions qui me provoquaient une profonde souffrance, tout en sachant que, malgré tout, il était le père de mon enfant, et que cet amour, cette vie nouvelle, était avant tout un pont que nous devions bâtir ensemble ?

C'est dans cette solitude que j'ai pris refuge avec pour seul objectif de tout mettre en œuvre pour mener cette grossesse à terme. Partagée entre des déceptions devenues quasi quotidiennes et le bonheur immense de porter la vie en moi. Il m'a fallu jongler face à des paroles glacées qui me coupaient comme des lames, de plus en plus présentes, mais je refusais de les voir en face, préférant me cacher derrière un voile de déni. Je ne reconnaissais plus celui que j'avais épousé pour le meilleur et pour le pire, devenu presque un étranger. Je gardais malgré tout un espoir secret : l'espoir de le voir enfin accepter que la vie était en train de nous faire le plus beau des cadeaux.

29 janvier 2018 : Quand j'ai entendu son premier cri, tout a changé. J'ai eu l'impression que mon cœur, jusque-là serré par les angoisses de la grossesse, se dilatait enfin, libéré de toute peur. Tout à coup, il n'y avait plus de doutes, plus de peurs. Il n'y avait que notre nouvelle réalité, celle où rien d'autre n'avait d'importance. C'était un véritable tsunami d'émotions : je l'ai prise dans mes bras, si petite, si fragile, mais déjà tellement parfaite, avec ses grands yeux qui semblaient vouloir capter toute la lumière du monde.

C'était un accomplissement, la fin d'un voyage et le début d'un autre, celui de notre vie ensemble. L'air semblait plus doux, le monde plus lumineux. Chaque respiration, chaque mouvement de son corps était une promesse. Une promesse d'amour infini, de découvertes, de complicité.

L'épuisement est venu doucement, comme une ombre qui s'étend sans qu'on s'en rende vraiment compte, jusqu'à ce qu'il prenne toute la place. D'abord, il y a eu ces nuits, trop courtes, trop seule. À peine le temps de fermer les yeux que tu pleurais déjà, et je me précipitais au moindre bruit pour préserver le sommeil de celui qui m'avait clairement indiqué ne pas avoir l'intention de se lever la nuit. Il gérait de lourdes responsabilités la journée qui ne lui permettaient pas d'avoir des nuits hachurées. Alors, fatiguée, je me levais sans réfléchir, les gestes automatiques, comme une marionnette que l'on tire par les ficelles de l'épuisement. Chaque réveil nocturne me laissait plus épuisée que la veille, mais il fallait bien continuer. Tu avais besoin de moi, et je me devais de répondre à chaque appel, à chaque besoin.

Et dans cette solitude, je me berçais de l'illusion, douce et amère, que si je préservais mon mari au maximum, si je me faisais petite, discrète, invisible presque, il finirait par se détendre, par se libérer de ses peurs, et que son cœur, jusqu'alors verrouillé, finirait par s'ouvrir à ce bonheur qui, pourtant, lui tendait les bras. Chaque sourire que je lui offrais, chaque geste dans sa direction, étaient comme des appels muets à l'espoir, des tentatives désespérées pour combler un vide que je n'arrivais plus à expliquer.

Je pensais qu'il finirait par comprendre, qu'avec le temps, l'amour qui naissait en moi pour notre enfant pourrait l'atteindre, qu'il se rendrait compte que ce bonheur n'était pas une menace, mais une chance, une promesse d'un avenir plus lumineux. Alors, je me perdais dans cette illusion, me donnant l'impression de jouer un rôle, celui de l'épouse compréhensive, de la mère sereine, pensant qu'au fond, c'était ce qu'il avait besoin de voir pour sortir de ses ténèbres. Mais plus je m'efforçais de le protéger, de l'épargner de toute inquiétude, plus je m'éloignais de la réalité. Parce qu'au fond, je savais que c'était ma propre souffrance, mon propre bonheur, mes propres besoins, que je laissais dans l'ombre, dans l'attente que lui, un jour, daigne y prêter attention.

Je n'avais pas conscience finalement que ce besoin d'idéalisation qui m'appartenait, cet espoir qui devenait presque une forme de survie émotionnelle, ouvrait la voie à l'épuisement.

 Puis, il y a eu ces journées interminables. Toi, toute petite, inconsolable, souffrant de coliques, ton ventre qui se tordait, tes cris qui résonnaient dans la maison, sans fin. Et moi, je te berçais, je te cajolais, je faisais tout ce que je pouvais pour te soulager, mais rien n'y faisait. Le temps semblait s'étirer, chaque minute devenant une lutte contre l'épuisement qui me gagnait lentement. Les heures de sommeil manquaient cruellement, mais il n'y avait pas de répit. Le monde extérieur semblait lointain, comme si la réalité s'était mise en pause, et j'étais là, seule avec toi, seule avec cette fatigue qui m'envahissait peu à peu.

J'avais l'impression d'être un automate, me réveillant toujours avec le même poids dans le corps, la tête brumeuse, sans énergie, mais avec cette force cachée qui me poussait à tenir. La solitude s'est installée au fur et à mesure, par manque de soutien et parce qu'à chaque nuit sans sommeil, à chaque journée sans répit, je me sentais de plus en plus coupée du monde. J'étais là, dans ma bulle de fatigue, un peu perdue, à tenter de survivre à ce tourbillon de nuits blanches et de journées sans fin.

Et puis, il y avait cette culpabilité, ce poids invisible qui me disait que je ne faisais pas assez, l'entourage qui me conseillait de la laisser pleurer, que je l'avais trop dans les bras ou mieux... qu'il fallait arrêter d'allaiter et lui donner des biberons. Dans ces moments-là, les experts en bébé sont nombreux, sources inépuisables de conseils divers et variés et parfois même d'injonctions. Chacun semble savoir mieux que vous ce qu'il faudrait faire, comme si votre rôle de mère nécessitait une validation extérieure permanente. Mais, chères lectrices, laissez-moi vous dire une chose essentielle : vous êtes, et serez toujours, l'experte numéro un de votre bébé. Vous le connaissez dans les moindres détails : ses petits gestes, ses regards, la manière unique dont il cherche votre présence.

Ces avis extérieurs, même s'ils partent souvent d'une bonne intention, ne remplaceront jamais ce lien intime et instinctif que vous avez avec votre enfant. Écoutez, prenez ce qui vous parle, mais ne laissez jamais ces voix étouffer la vôtre. Ayez confiance en vous, tout comme j'ai appris à me faire confiance. Je me souviens que le père de mon bébé, pourtant médecin, ignorait que notre bébé souffrait d'un reflux. Sans pouvoir l'expliquer, au fond de moi, je savais que j'avais raison, que mon intuition me guidait sur le bon diagnostic.

Il n'y a pas de mode d'emploi parfait pour être mère, pas de réponse universelle pour apaiser un bébé ou accompagner ses premiers pas dans la vie. Votre cœur sait, bien souvent, mieux que les livres ou les théories. Et si parfois vous doutez — car le doute est inévitable — rappelez-vous que chaque décision prise avec amour est déjà une victoire en soi.

Ma réalité était qu'il n'y avait plus de place pour la sérénité. Il n'y avait que l'épuisement, cette fatigue profonde, ce vide qui se creusait à mesure que les jours se succédaient. Ce n'était pas juste la fatigue physique, c'était une fatigue de l'âme qui avait pris sa source pendant la grossesse et qui s'est alimentée ensuite à travers l'idéalisation et le perfectionnisme que je nourrissais.

Chaque épuisement possède sa propre histoire et je commençais à prendre conscience des causes qui alimentaient le mien. Je le savais et pourtant, je persévérais à vouloir sauver ce qui était perdu et à accepter l'inacceptable.

Mon couple n'a pas survécu à l'épreuve de la grossesse. Le voile de l'illusion est amèrement retombé révélant la sombre réalité de ce que je croyais être un conte de fées. J'ai lutté, j'ai tout donné jusqu'à m'y perdre. J'ai navigué dans la confusion entre déni et désespoir dans un profond sentiment de solitude, de culpabilité et de colère.

Et puis, un jour, tout a changé. Un échec de plus, une déception supplémentaire, celle de trop et avec elle la détermination de mettre à distance tout ce qui m'imposait du stress et qui venait me vider de mon énergie. Pour me protéger et protéger mon enfant. Quelque chose en moi a commencé à évoluer. J'ai fini par lâcher prise en acceptant que ce chemin, aussi semé d'embûches soit-il, faisait partie de mon histoire. Chaque échec était une leçon, chaque moment de doute un appel à renforcer ma résilience. Les conséquences de l'épuisement maternel sont telles qu'il devient vital de réagir, pour soi, pour son enfant, pour sa famille ou pour son couple. Tout est impacté, la santé d'abord, mais également la qualité de la relation à son enfant, l'isolement social, l'équilibre familial et le bien-être en général. Plus la réaction est rapide et moins les conséquences sont lourdes.

Je ne vous dirai pas que le parcours a été facile ni que tout est parfait aujourd'hui, mais je sais une chose : le cheminement m'a appris à aimer ma propre histoire, même dans ses détours. À nourrir cette profonde gratitude d'avoir eu le privilège d'être mère, à me pardonner de m'être perdue à ce point en acceptant parfois l'inacceptable, et à pardonner aux autres. Pour finalement retrouver un équilibre de vie dans lequel je peux savourer pleinement le bonheur infini d'être mère.

Car s'il n'y avait qu'un seul message que je voudrais vous transmettre, un seul cadeau que mes mots pourraient vous offrir, ce serait celui-ci : le bonheur infini d'être mère. Ce bonheur, il ne réside pas dans la perfection que l'on tente de nous imposer ou dans les standards inaccessibles que l'on nous dicte. Il est dans les instants simples et vrais, dans les regards échangés, dans les rires inattendus, dans la chaleur d'un câlin après une longue journée.

Être mère, c'est une aventure faite de défis, de doutes, de joies et parfois de larmes, mais c'est avant tout une richesse inestimable. Ce bonheur, c'est celui de vous découvrir à travers les yeux de votre enfant, d'apprendre à grandir avec lui, de goûter à une forme d'amour qui ne ressemble à aucune autre. Même dans les moments de fatigue ou de découragement, souvenez-vous que ce rôle, aussi exigeant soit-il, est aussi le plus grand des privilèges. Faites-vous confiance, aimez-vous dans vos imperfections, et laissez ce bonheur infini illuminer vos jours, à votre manière, à votre rythme.

Ma gratitude va également envers tous les soignants qui m'ont accompagnée dans une bienveillance salvatrice, toutes les mains et les oreilles tendues, tous les mots réconfortants.

Aujourd'hui, je m'autorise à être fière de ce chemin parcouru. Ce parcours qui m'a façonnée, m'a rendue plus forte et plus sereine. Je vivais de l'intérieur ce que j'avais entendu des centaines de fois dans les confidences de celles qui venaient chercher du secours dans mon cabinet. Sans le savoir, chacune avait apporté sa pierre à ma guérison. Un homme averti en vaut deux, comme dit le proverbe. Je le confirme, même si je n'ai pas été épargné par l'intensité de la souffrance.

Car c'est bien de souffrance dont il s'agit lorsqu'on vit un état d'épuisement maternel : ne pas pouvoir se reposer, ne pas pouvoir se doucher, se sentir impuissante face aux pleurs inconsolables de son bébé ou face à un enfant qui s'oppose. Avoir besoin d'aide, mais ne pas oser la demander, ne pas se sentir à la hauteur et culpabiliser. Comment parvenir dans ces moments-là à se prioriser, à lâcher prise alors qu'on est complètement noyée dans un état de survie physique et mentale ? C'est en m'autorisant à être vulnérable et en acceptant l'aide proposée que j'ai pu retrouver un équilibre.

Le travail de reconstruction

Sortir de l'épuisement est déjà une première libération. La partie n'est cependant pas gagnée, et c'est à partir de tous les enseignements tirés de cette épreuve que le travail de reconstruction peut s'amorcer. La bonne nouvelle c'est qu'on en ressort infiniment grandi.

Comme toutes les épreuves qui nous poussent aux frontières de nos limites et à l'incontournable nécessité d'une reconnexion à soi.

Reconstruire. Ce mot, au début, me semblait irréel, comme une promesse lointaine que je n'osais même pas espérer. Après des mois d'épuisement, il ne restait plus grand-chose de la femme que j'avais été avant la maternité. La fatigue m'avait engloutie, m'ayant laissée à peine reconnaissable, perdue dans un tourbillon de doutes et de sacrifices. Mais, petit à petit, le chemin vers la reconstruction a commencé. Ce n'était pas un chemin droit ni rapide, mais chaque petit pas m'a permis de retrouver quelque chose que j'avais perdu.

Au début, il y avait ce souffle fragile, ce retour lent à la vie. C'était comme un souffle que je retrouvais peu à peu, la sensation que l'air m'arrivait à nouveau dans les poumons, après une longue période de suffocation. Je n'avais plus cette énergie illimitée que j'avais cru avoir avant, mais j'avais quelque chose de plus précieux : la volonté de me redonner du temps, de prendre soin de moi, lentement, mais sûrement.

Le travail de reconstruction a commencé par de petits gestes. Des moments pour moi, même infimes, mais qui ont fait une différence. Un café chaud en silence, une promenade seule, ou même simplement fermer les yeux quelques minutes pendant que mon bébé dormait. J'ai appris à dire non, à accepter l'idée que je ne pouvais pas tout faire, que ma santé mentale et physique devait passer en priorité. Exercice difficile quand l'habitude de donner sans compter est profondément ancrée en soi. Mais chaque non que je disais à l'extérieur était un oui à moi-même.

Puis, il y a eu la reconquête de mon corps. Celui qui avait porté, nourri, tant donné. Il me semblait fatigué, parfois brisé, mais je l'ai écouté, petit à petit, j'ai appris à le respecter à nouveau. Je lui ai accordé de la douceur, de la patience. Un peu de mouvement, un peu de repos. Parfois, il était encore trop fatigué pour se relever pleinement, mais c'était normal. J'ai accepté chaque étape, chaque moment pour devenir chaque jour plus forte.

Un autre aspect de cette reconstruction, c'était de retrouver mon identité. Après avoir donné tant de moi-même, il fallait maintenant retrouver qui j'étais au-delà de la maternité. Qui étais-je, en dehors de ce rôle de mère ? J'ai eu la surprise d'avoir de véritables révélations : redécouvrir mes passions, renouer avec des amis, ou tout simplement me reconnecter à des choses simples qui me faisaient sourire avant. Peu à peu, j'ai recommencé à me comprendre, à accepter mes fragilités et mes forces. Un travail qui m'a permis de me retrouver dans une version de moi-même qui, cette fois, savait qu'il était important de prendre soin de soi pour mieux prendre soin des autres.

Il y a aussi eu ce travail intérieur. J'ai dû accepter mes limites, mes peurs, mais aussi mes réussites. J'ai appris à comprendre que l'épuisement avait laissé des traces, et que ces traces faisaient partie non seulement de mon histoire, mais également de mes forces d'aujourd'hui.

La reconstruction, c'est aussi retrouver une forme de sérénité. Ce n'est pas le retour à un idéal de perfection, mais la paix avec soi-même. C'est accepter que la vie ne soit jamais parfaitement équilibrée, mais que j'ai les ressources pour m'adapter, pour faire face, pour trouver des solutions, même imparfaites. C'est aussi la reconnaissance que le bonheur se trouve dans ces moments simples, parfois volés à la fatigue, où je suis pleinement présente pour mon enfant, pour moi, pour nous.

Reconstruire, c'était donc lentement retrouver la personne que j'avais été, mais aussi en accepter une version nouvelle, plus forte, plus consciente. Une version de moi-même qui, grâce à ce cheminement, sait désormais prendre soin d'elle-même, pour pouvoir offrir ce qu'il y a de meilleur à ceux qu'elle aime. Parce qu'au fond, je sais maintenant que prendre soin de soi n'est pas un luxe, mais une nécessité, et que c'est en se reconstruisant soi-même que l'on peut, véritablement, reconstruire une relation sereine et épanouie avec ses enfants.

C'est en vivant cette expérience à fleur de peau que j'ai saisi toute l'ampleur de la souffrance de nombreuses mères qui franchissent le seuil de mon cabinet. Elles aussi sont à la recherche de solutions pour concilier leur désir d'être une bonne mère et leur besoin de prendre soin d'elles-mêmes.

De cette expérience douloureuse est née une profonde détermination à aider les autres mères. Parce qu'il y a dans le sourire d'un enfant, dans sa joie pure et sa vulnérabilité, une promesse d'avenir. Une promesse que je porte en moi depuis toujours. Et si la clé de cet épanouissement résidait dans le bien-être de leur mère ? C'est cette conviction qui m'anime et qui guide mon action. En aidant les femmes à retrouver leur équilibre et leur joie de vivre, je crois contribuer au bonheur des enfants, car une mère épanouie est le plus beau cadeau qu'un enfant puisse recevoir. Mon vœu le plus cher : les aider à retrouver leur équilibre et leur joie de vivre, pour que chaque enfant puisse s'épanouir pleinement.

L'approche de ce livre se concentre sur l'expérience maternelle, étant son public principal. Néanmoins, les dynamiques et les outils de compréhension développés dans ces pages sont universels et peuvent bénéficier tout autant aux pères dans l'exercice de leur parentalité.

Mais mon histoire n'est qu'une parmi tant d'autres. Derrière chaque visage de mère se cachent des silences, des tensions intérieures, des doutes, des sacrifices invisibles. Et c'est pour cela que ce livre existe. Pour mettre des mots là où souvent il n'y en a pas. Pour offrir des repères là où la confusion règne. Pour accompagner, pas à pas, celles qui, comme moi, ont parfois perdu pied, mais gardent en elles ce désir profond : celui de vivre leur maternité dans la présence, dans la joie, dans l'équilibre.

Dans ces pages, je vous invite à un voyage. Un voyage qui commence par **reconnaître ce que l'on vit vraiment**, sans jugement ni culpabilité. Nous verrons comment **l'épuisement maternel** s'installe souvent en silence, et comment il est possible d'en sortir. Puis, nous explorerons des outils simples et concrets pour **restructurer son quotidien**, alléger sa charge mentale, retrouver du souffle. Enfin, nous ouvrirons ensemble des chemins vers **une maternité épanouissante**, enracinée dans l'amour de soi, la conscience de ses besoins et la liberté d'être pleinement soi-même, même dans ce rôle si prenant.

Ce livre ne vous donnera pas de recette parfaite. Mais il vous tendra la main. Il vous rappellera que vous avez le droit d'aller mieux. Que l'épanouissement n'est pas un luxe réservé à quelques-unes ! **Il est possible. Il est légitime. Et il commence par vous.**

PARTIE 1
SORTIR DU MODE SURVIE

Redonner du souffle à votre quotidien

Devenir mère bouleverse tout : les repères, le rythme, les émotions. Sans qu'on le voie venir, on peut se retrouver à fonctionner en mode survie, enchaînant les journées dans un mélange de fatigue, de pression et de culpabilité silencieuse. Si vous tenez ce livre entre vos mains, c'est peut-être que vous avez reconnu cet épuisement, cette perte de soi progressive.

Cette première partie est une invitation à faire une pause. Non pas pour ajouter des obligations supplémentaires, mais pour alléger. Pour comprendre ce qui vous épuise, identifier les signaux que vous envoie votre corps, et commencer à réinventer votre façon de vivre votre quotidien.

Avant de changer quoi que ce soit, il est essentiel d'ouvrir les yeux avec douceur : sur ce que vous ressentez, sur ce que vous traversez. C'est la première étape, la plus importante : prendre conscience, pour pouvoir ensuite agir.

À travers ces premiers chapitres, vous trouverez des repères pour ralentir, respirer, retrouver un premier espace pour vous. Avant même de parler d'organisation ou d'amour de soi, il est essentiel de reconnaître là où vous en êtes… pour mieux avancer vers là où vous souhaitez aller.

Vous n'êtes pas seule. Et surtout : il est possible de retrouver du souffle, du sens, et du plaisir dans votre vie de mère. C'est ce premier pas que nous allons faire ensemble.

Chapitre 1 : La spirale de l'épuisement

L'épuisement maternel est une réalité silencieuse qui touche de nombreuses mères, souvent invisible derrière le voile de la routine quotidienne. J'ai souvent observé qu'il se dévoile en consultation derrière notamment des symptômes d'agitation, d'anxiété ou d'opposition de l'enfant. Il est bien plus rare que l'épuisement maternel en lui-même constitue un motif de consultation, ce qui vient nous montrer la difficulté des mères à « entendre » les signes et les alarmes de cet état encore trop souvent considéré comme « normal » ou passager.

Lorsque cet état d'épuisement parvient à être reconnu, c'est bien souvent parce que les signaux d'alarme ont sonné fort, tellement fort que la souffrance émerge alors comme un véritable tsunami intérieur. La pression sociétale, combinée à la pression et aux exigences personnelles, pousse les mères à leurs limites, parfois jusqu'à l'épuisement complet.

Parmi les manifestations les plus intenses de cet épuisement se trouve la sensation d'être en « mode survie ». Mais qu'est-ce que cela signifie réellement ? Comment cette sensation affecte-t-elle les mères dans leur vie de tous les jours ? Et surtout comment en sortir ? C'est ce que vous allez découvrir dans ce chapitre.

Le mode survie : Quand la maternité devient un combat quotidien

Imaginez votre corps comme un ordinateur. En temps normal, il fonctionne avec plusieurs programmes ouverts en même temps : vous gérez les enfants, la maison, le travail, les relations sociales... Tout se passe bien. Mais lorsque vous êtes confrontée à une surcharge (un bébé qui ne fait pas ses nuits, un enfant malade, des difficultés financières, des difficultés de couple, etc.), l'ordinateur sature. Pour éviter de planter complètement, il active un mode « économie d'énergie ». Dans ce mode, il ferme les programmes non essentiels pour se concentrer sur les fonctions vitales : assurer les besoins de base des enfants, maintenir un minimum d'organisation. Les autres fonctions, comme les loisirs, les relations sociales, les moments de détente, sont mises en veille. C'est le « mode survie ». L'ordinateur continue de fonctionner, mais à capacité réduite.

La fatigue devient chronique par manque de sommeil généralement et avec elle, chaque geste, chaque tâche peut devenir une épreuve. C'est un état physique et mental dans lequel une mère, souvent en réponse à un stress prolongé ou à une accumulation de responsabilités, fonctionne uniquement pour répondre aux besoins les plus urgents et immédiats. Dans cet état, le corps et l'esprit se mettent en alerte constante, en mobilisant toutes les ressources disponibles pour faire face aux exigences du quotidien. En d'autres termes, on tire sur la ficelle !

Mais si ce mécanisme est utile à court terme pour gérer une crise, il devient épuisant et nuisible lorsqu'il s'installe durablement.

Plusieurs signes peuvent vous alerter sur le fait que vous êtes en « mode survie » :

Un sentiment de ne plus y arriver : Vous avez l'impression de ne plus maîtriser votre quotidien, d'être submergée par les tâches et les responsabilités.

Des actions « automatiques » : Vous continuez à faire les choses (s'occuper des enfants, préparer les repas), mais sans y mettre de cœur, comme si vous étiez sur pilote automatique.

Une distance émotionnelle : Vous vous sentez détachée de vos enfants, de votre conjoint, de votre entourage. Vous avez du mal à ressentir de la joie, de l'affection, ou même de l'irritabilité. C'est comme un voile qui se pose sur vos émotions.

Une perte de plaisir dans votre rôle de maman : Les moments avec vos enfants ne vous apportent plus de joie, voire vous pèsent. Vous pouvez vous sentir coupable de ressentir cela.

Un repli sur soi : Vous avez moins envie de voir du monde, car cela demande trop d'énergie.

Des troubles du sommeil : Vous avez du mal à dormir, vous vous réveillez souvent la nuit, ou votre sommeil n'est pas réparateur.

Des signes physiques : Fatigue constante, maux de tête, douleurs musculaires, troubles digestifs peuvent aussi être présents.

En tant que psychologue de l'enfant, spécialisée dans l'accompagnement des parents, j'ai souvent été confrontée à cette description, presque mécanique, que les mères partagent avec moi : elles ne se sentent plus « vivantes », mais plutôt comme des automates, exécutant les tâches parentales sans répit. C'est un état où la priorité n'est plus de savourer les moments précieux de la maternité, mais bien de gérer la tempête, de faire face à l'urgence des besoins immédiats.

Cela peut signifier enchaîner les tâches essentielles sans véritablement être présente, tant physiquement qu'émotionnellement. C'est comme naviguer en pilote automatique, sans énergie ni motivation pour autre chose que l'absolue nécessité.

Au cœur de ce mode de fonctionnement : un sentiment profond de fatigue, de frustration, de perte de contrôle et, dans de nombreux cas, de culpabilité. Une culpabilité qui s'observe pour la grande majorité des mères épuisées et qui vient alourdir la souffrance : souffrance de ne pas parvenir à être cette mère idéale, de perdre patience, de crier, de pleurer, d'être tout simplement fatiguée ou dans certains cas, plus rares, d'être tout simplement devenu mère.

Témoignages

> *« Pour moi, le pilotage automatique est présent tout le temps. Il se manifeste surtout au moment du bain ou des repas par exemple. Cette routine, ces journées qui passent et se ressemblent et j'ai l'impression que je me laisse porter par les choses à faire, parfois sans même avoir conscience que je les fais ».*
>
> Gaëlle

> *« Le pilotage automatique bien présent dans mon quotidien, pour moi c'est une façon de gérer sans réellement "réfléchir". Je ne saurais dire la première fois où je l'ai ressenti, ce que je peux dire c'est que je gère tout en mode automatique en laissant souvent de côté mon sommeil et mes besoins pour être au "top" comme mère être présente ++++ pour les devoirs les repas les tâches ménagères les loisirs. Ce qui est dommage en faisant les choses par automatisme, c'est que j'en oublie de passer des bons moments avec ma fille et je le ressens, car je suis énervée pour des broutilles, le stress de devoir tout faire en temps et en heure et bien souvent pas le temps pour un moment de détente en famille... »*
>
> Allison

Le « mode survie » n'est pas une solution à long terme. C'est un signal d'alarme que votre corps vous envoie. Ignorer ces signes peut mener à un épuisement plus profond, voire à un burn-out maternel. Il est donc crucial de les identifier pour agir et retrouver un équilibre.

Comprendre la spirale de l'épuisement maternel

Cette spirale commence souvent par une surcharge de tâches quotidiennes, combinée à un manque de ressources, c'est-à-dire un état dans lequel la mère va manquer

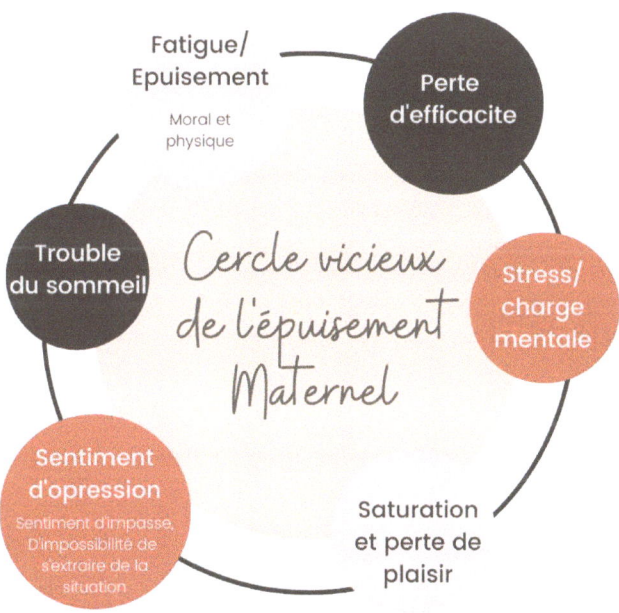

d'énergie à la fois pour gérer ses émotions et pour lutter contre la fatigue.

C'est un peu comme si elle avait vidé son réservoir de ressources et n'avait plus assez de « carburant » pour continuer. Au fur et à mesure que la pression s'intensifie, la mère s'enfonce dans un cercle vicieux difficile à rompre. Plus elle se sent épuisée, plus ses mécanismes d'adaptation sont sollicités, ce qui peut aboutir à un épuisement total.

Le cercle vicieux de l'épuisement maternel :

Lorsque la fatigue s'accumule, elle crée une sensation de perte d'efficacité. Les tâches quotidiennes, qui deviennent de plus en plus lourdes, génèrent du stress, surtout face à la charge mentale de gérer la famille et ses besoins.

Ce stress plonge la mère dans un mode de fonctionnement automatique, où elle se contente de « survivre » sans vraiment profiter de son rôle de mère. Peu à peu, elle ressent un sentiment d'oppression, comme si elle était coincée dans un piège sans issue, car elle est mère pour la vie.

Le stress, la culpabilité et les pensées anxieuses s'intensifient, perturbant son sommeil. L'endormissement devient difficile, que ce soit en début de nuit ou après les réveils nocturnes. Le manque de sommeil, qui ne fait qu'empirer, renforce à son tour cette impression de ne pas être à la hauteur, ce qui vient alimenter ainsi ce cercle vicieux sans fin.

Les racines de l'épuisement maternel : comprendre pour agir

Il n'existe pas une seule forme d'épuisement, car chaque mère vit une expérience unique, influencée par son histoire personnelle, son contexte social et familial, et ses propres vulnérabilités. On peut comparer ce processus d'épuisement à une spirale descendante, où différents facteurs s'accumulent et s'aggravent mutuellement pour conduire à un état d'épuisement profond.

1. Le corps mis à rude épreuve

Les changements hormonaux post-partum sont un facteur biologique majeur. Après l'accouchement par exemple, la chute brutale des hormones comme les œstrogènes et la progestérone peut provoquer un baby blues, caractérisé par une tristesse, une irritabilité et une fatigue intense. Imaginez une mère qui, quelques jours après la naissance de son enfant, se sent submergée par les pleurs de bébé et incapable de trouver l'énergie pour s'occuper de lui, alors qu'elle était pleine d'entrain pendant la grossesse.

Les nuits hachées par les réveils nocturnes de bébé, comme ce fut le cas pour moi, entraînent un manque de sommeil chronique. Une mère qui se lève toutes les deux heures pour allaiter ou donner le biberon pendant des mois accumule une dette de sommeil importante, ce qui peut affecter sa concentration, sa mémoire, son humeur et générer ainsi du stress.

L'alimentation est le troisième facteur qui peut mettre le corps à l'épreuve : Une maman qui enchaîne les biberons, les lessives, les courses, les rendez-vous médicaux n'a pas toujours le temps de cuisiner des repas équilibrés. Elle va parfois sauter des repas, grignoter des aliments transformés ou consommer beaucoup de café pour tenir le coup. Ces habitudes alimentaires peuvent entraîner des carences nutritionnelles qui aggravent la fatigue et le stress.

2. L'isolement et le manque de soutien

L'isolement social est un facteur aggravant majeur.

Par exemple, une jeune mère qui vit loin de sa famille et dont le conjoint travaille beaucoup peut se sentir très seule face aux responsabilités du nouveau-né. Elle n'a personne à qui confier son bébé pour prendre une douche ou faire une course, et se sent piégée chez elle.

De nombreuses mères également n'osent pas demander de l'aide à leur entourage par peur d'être jugées comme des mauvaises mères, ou parce qu'elles ont le sentiment que personne ne va pouvoir répondre aux besoins de leur bébé comme elles peuvent le faire.

Certaines encore n'ont tout simplement pas de réseau de soutien (amis, associations, etc.) et se retrouvent isolées face à leurs difficultés.

3. L'image de la mère parfaite

La pression sociale pour être une « mère parfaite » est très forte.

Cette pression est notamment véhiculée par les réseaux sociaux qui montrent des images idéalisées de mères toujours souriantes, avec des enfants impeccables et des maisons parfaitement rangées. Une mère qui a du mal à gérer les pleurs de son bébé ou qui se sent dépassée par le désordre de sa maison peut facilement ne pas se sentir à la hauteur face à ces images.

Une autre pression sociale est celle de devoir reprendre le travail rapidement après le congé maternité, tout en continuant à assurer une présence constante auprès de son enfant. Situation qui peut être source d'un stress immense.

4. Le stress chronique et la charge mentale

La charge mentale est le poids des responsabilités invisibles qui pèsent sur les mères :

Une mère doit non seulement s'occuper de son bébé (nourrir, changer, calmer, etc.), mais aussi penser aux courses, aux rendez-vous médicaux, aux lessives, aux repas, aux démarches administratives, etc. Cette charge mentale constante épuise et empêche de se reposer réellement.

Anticiper les besoins de chacun, gérer les imprévus, se souvenir de tout, jongler entre les différentes tâches… tout cela crée un stress constant, même lorsqu'on a l'impression de ne rien faire et… de ne pas être stressé ! Régulièrement, je reçois des mamans épuisées qui n'ont pas conscience du stress qu'elles ressentent.

5. Le manque de soutien du partenaire

Un manque de soutien du partenaire peut aggraver l'épuisement.

Un couple où le partage des tâches ménagères et des soins aux enfants n'est pas équitable peut générer un sentiment d'injustice et de frustration chez la mère, qui se sent seule face à ses responsabilités.

Tout comme, et c'est un motif fréquent de consultation, des désaccords sur l'éducation des enfants ou un manque de communication au sein du couple peuvent créer des tensions qui contribuent à l'épuisement maternel.

6. Les blessures du passé

Ces blessures d'enfance qui nous empêchent d'être pleinement mères.

Nous portons toutes en nous une enfant blessée. Que nous en ayons conscience ou non, ce que nous avons vécu durant notre enfance influence profondément notre manière d'être mère aujourd'hui. Derrière chaque réaction disproportionnée, chaque moment où nous nous sentons dépassées se cache bien souvent une blessure ancienne, une croyance limitante héritée, ou une émotion non exprimée qui demande encore à être accueillie avec douceur.

L'enfant que nous étions, blessée par des paroles, des attitudes ou des manques affectifs, n'a pas disparu avec le temps. Elle vit toujours en nous, attendant que nous lui offrions enfin cette attention et cette compassion dont elle a manqué. En devenant mère, ces blessures se réveillent souvent brusquement, sans prévenir. Il peut s'agir d'un sentiment profond d'abandon, de rejet, d'injustice ou de trahison, lié à notre propre histoire, que la maternité vient réveiller avec intensité.

Par exemple, une mère qui a grandi dans un foyer où les émotions étaient systématiquement réprimées pourra éprouver de grandes difficultés à accueillir les pleurs de son bébé, car cela réveillera chez elle ce vide émotionnel qu'elle-même a subi. De même, une mère ayant vécu dans un environnement critique ou perfectionniste pourra être submergée par la culpabilité et l'impression constante de ne jamais être à la hauteur, reproduisant malgré elle ces attentes irréalistes.

Ces traumatismes et croyances héritées créent alors un fossé douloureux entre la mère que nous aimerions devenir et celle que nous incarnons malgré nous, alimentant inconsciemment la spirale de notre épuisement. Comprendre cette dimension intime de l'épuisement permet non seulement d'en saisir l'origine, mais aussi de poser les premiers jalons vers la guérison.

La clé pour sortir de cette spirale est triple :

- Prendre conscience, identifier ce qui, dans notre histoire personnelle, s'active lorsque nous devenons mère.

- Accepter, accueillir nos blessures sans jugement et avec douceur.

- Se libérer, en faisant la paix avec notre passé, en pardonnant à ceux qui nous ont blessées, mais aussi en apprenant à devenir notre propre soutien, notre propre modèle maternel.

Briser ce cycle de répétition générationnelle, c'est s'offrir la liberté d'être la mère que l'on souhaite profondément être, une mère qui ne transmet plus ses souffrances, mais son amour, sa sérénité retrouvée et son désir profond de s'aimer elle-même pour aimer pleinement son enfant.

L'illustration de la Balance pour mieux comprendre

La Balance, créée par les chercheuses Isabelle Roskam et Moira Mikolajczak de l'Université de Louvain en Belgique, est un outil qui permet d'illustrer de manière visuelle et pratique le phénomène de l'épuisement maternel, en mettant en lumière les facteurs qui influencent cet épuisement. L'idée de cette balance est que l'épuisement résulte de l'équilibre entre les exigences et les ressources dont une mère dispose. Cet outil prend en compte plusieurs aspects, à la fois individuels et externes, qui influencent cet équilibre.

La balance est divisée en deux parties :

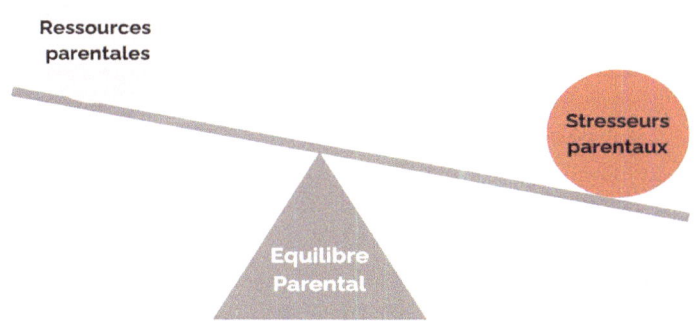

Illustration de l'épuisement parental

Les ressources : Ce sont les moyens, les supports, les forces internes ou externes qui aident la mère à faire face à ces exigences.

Les stresseurs : Ce sont toutes les demandes et pressions que la mère ressent dans son rôle parental (et parfois professionnel, familial, etc.).

Les stresseurs peuvent inclure :

- Les **besoins émotionnels** de l'enfant (soutien constant, gestion des crises, etc.)
- Les **besoins spécifiques** de l'enfant (enfant malade, handicapé, enfant dys, etc.)
- Les **besoins physiques** (manque de sommeil, charge mentale, tâches ménagères)
- Les **attentes sociales** (normes de la mère parfaite, attentes familiales)
- La **pression professionnelle** (travail et maternité)
- Le **manque de temps personnel** (absence de moments de répit ou de soin de soi)

Ressources peuvent comprendre :

- Le **soutien social** (accompagnement par le partenaire, la famille, les amis)
- L'**autonomie** et la capacité à gérer les situations de manière efficace (être organisée)
- Les **stratégies d'adaptation** (gestion du stress, techniques de relaxation)
- L'**estime de soi** et la **confiance en ses compétences parentales**
- Le **temps pour soi** et la possibilité de récupérer
- Les **ressources financières** (accès à de l'aide ménagère, soutien professionnel)

Imaginons une mère qui a un travail à plein temps, des enfants jeunes à la maison, une pression constante de devoir être une « mère parfaite » et un manque de temps pour elle-même. Elle ne dispose que de peu de ressources extérieures (par exemple, un partenaire qui travaille beaucoup et peu de soutien familial). Cette situation crée une surcharge de **stresseurs**, tandis que ses **ressources** sont faibles.

Dans ce cas, la **balance** est inclinée vers les stresseurs, entraînant un **épuisement**. La mère peut commencer à ressentir de la frustration, de l'épuisement émotionnel, un manque de motivation et même un sentiment de culpabilité. Si les exigences sont trop élevées et que les ressources ne peuvent pas compenser, cela conduit à un **burn-out** maternel.

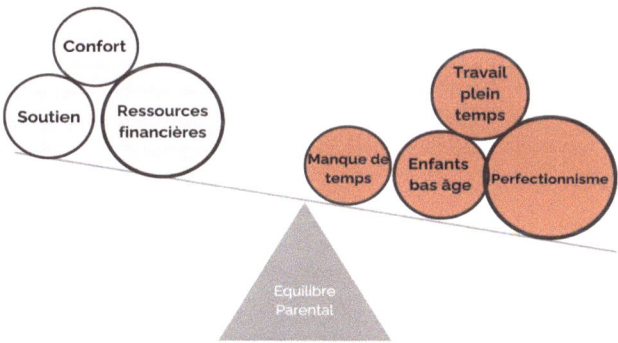

Tout le travail thérapeutique va s'articuler autour du rééquilibrage de cette balance : augmenter les ressources (par exemple, chercher du soutien, prendre du temps pour soi, apprendre des techniques de relaxation) et réduire ou enlever des stresseurs (par exemple, alléger la charge mentale, accepter l'imperfection). Cet outil, par les prises de conscience et la compréhension qu'il permet d'obtenir, se révèle particulièrement efficace pour aider les mères à réévaluer leurs exigences et montrer que l'épuisement maternel n'est pas un signe de faiblesse ou de manque de capacité, mais plutôt un déséquilibre dans l'équation de leur vie.

Exemple

Une mère qui prend conscience de ses exigences élevées (par exemple, gérer toutes les tâches ménagères seule) et de ses ressources limitées (par exemple, pas de soutien familial) peut décider de demander de l'aide, de déléguer certaines tâches ou de prendre quelques heures par semaine pour elle-même (activités de relaxation, sport, etc.), ce qui peut rééquilibrer sa balance et améliorer son bien-être.

Cet outil est donc un excellent moyen pour visualiser et comprendre le phénomène d'épuisement maternel dans sa complexité.

Si vous voulez savoir où vous en êtes dans cette spirale de l'épuisement, voici un questionnaire qui vous permettra de vous situer. En fonction de vos résultats, un diagnostic plus approfondi sera peut-être nécessaire.

Questionnaire d'évaluation du degré d'épuisement (QCM)

1. Depuis combien de temps ressentez-vous un épuisement physique ou émotionnel ?

    A. Moins d'un mois

    B. De 1 à 3 mois

    C. De 3 à 6 mois

    D. Plus de 6 mois

2. À quelle fréquence vous sentez-vous fatiguée ou épuisée ?

    A. Très rarement

    B. Parfois

    C. Souvent

    D. Toujours

3. Comment qualifieriez-vous votre niveau de stress quotidien ?

    A. Faible, je me sens calme la plupart du temps

    B. Modéré, mais je gère assez bien

    C. Élevé, je suis souvent stressée

    D. Très élevé, je me sens constamment sous pression

4. Depuis combien de temps avez-vous l'impression de ne plus avoir de temps pour vous ?

    A. Moins d'un mois

    B. Depuis quelques mois

    C. Depuis longtemps

    D. Jamais, j'ai toujours du temps pour moi

5. À quelle fréquence vous sentez-vous seule dans vos responsabilités de mère ?

    A. Rarement

    B. Parfois

    C. Souvent

    D. Toujours

6. À quel point votre sommeil est-il perturbé ?

    A. Je dors bien et suffisamment

    B. Mon sommeil est parfois perturbé

    C. Je dors mal plusieurs nuits par semaine

    D. Je dors très mal ou très peu chaque nuit

7. Ressentez-vous souvent un manque d'énergie pour accomplir vos tâches quotidiennes ?

    A. Très rarement

    B. Parfois

    C. Souvent

    D. Toujours

8. Comment vous sentez-vous vis-à-vis de votre rôle de mère en ce moment ?

    A. Je suis satisfaite et épanouie dans mon rôle

    B. Je me sens généralement bien, même si parfois je trouve cela difficile

    C. Je me sens débordée et parfois en échec

    D. Je me sens épuisée, frustrée et parfois complètement dépassée

9. Comment évaluez-vous votre état émotionnel au quotidien ?

    A. Stable et positif, je me sens bien dans ma peau

    B. Plutôt stable, mais parfois je ressens de la tristesse ou de la frustration

    C. Je suis souvent irritable, triste ou anxieuse

    D. Je me sens souvent déprimée, vide ou anxieuse

10. Avez-vous du mal à demander de l'aide, même quand vous en avez besoin ?

    A. Non, je demande de l'aide lorsque j'en ai besoin

    B. Parfois, je trouve difficile de demander de l'aide

    C. Oui, je n'ose pas demander de l'aide

    D. Non, je n'ai jamais l'impression de pouvoir demander de l'aide

Interprétation des résultats :

Majorité de A : Vous semblez bien gérer vos responsabilités et ne ressentez pas de signes importants d'épuisement.

Majorité de B : Vous pouvez éprouver certaines difficultés, mais vous êtes généralement capable de les gérer. Il peut être utile de vous accorder plus de temps pour vous-même.

Majorité de C : Vous traversez une période difficile. Il est peut-être temps de chercher des moyens de soulager votre charge mentale et physique. N'hésitez pas à demander du soutien.

Majorité de D : Votre niveau d'épuisement semble élevé. Il est important de prendre des mesures pour prendre soin de vous et d'envisager de consulter un professionnel pour un soutien adapté.

Ce questionnaire permet d'avoir une première évaluation du degré d'épuisement et de la fatigue d'une mère.

À retenir : la spirale de l'épuisement maternel

- **L'épuisement maternel n'est pas une fatigue normale** : c'est un état profond qui affecte le corps, le mental et les émotions.
- Il s'installe souvent **progressivement et silencieusement**, jusqu'à ce que les signaux d'alarme deviennent trop forts pour être ignorés.
- Le « **mode survie** » est un état dans lequel la mère agit en pilote automatique, sans joie, avec un sentiment de saturation, de vide et de culpabilité.
- Les **facteurs d'épuisement sont multiples :**
Le manque de sommeil, la charge mentale, la solitude ;
Le mythe de la mère parfaite, les pressions sociales et la reprise du travail ;
Le manque de soutien du partenaire ;
Les blessures du passé qui ressurgissent avec la maternité.
- Le **cercle vicieux** s'alimente de fatigue, de stress, de culpabilité et de perte de confiance en soi.
- L'outil de la **balance** permet d'identifier les stresseurs et les ressources pour retrouver un équilibre réaliste.

Ce chapitre vous invite à **prendre conscience,** à **observer sans jugement,** et à **faire un premier pas** vers le rééquilibrage : alléger la pression, demander du soutien, vous accorder du répit.

Vous n'avez pas à attendre d'être à bout pour vous choisir. L'épuisement n'est pas un passage obligé. Il peut être évité, et surtout, il peut être traversé.

Chapitre 2 : Les conséquences de l'épuisement maternel

L'épuisement maternel n'est pas une simple fatigue ni une baisse de régime passagère. C'est une usure profonde, invisible, qui peut transformer la maternité en un combat quotidien. Et lorsqu'il s'installe, il n'épargne rien : ni le corps, ni les émotions, ni les relations.

En consultation, ce sont souvent les premiers mots que j'entends : « *Je suis fatiguée, mais c'est normal, non ?* » Ou encore : « *J'ai mal partout, je n'arrive plus à récupérer.* »

Mais derrière ces phrases banales, il y a souvent autre chose. Une charge immense portée depuis trop longtemps. Un corps qui dit stop, quand l'esprit essaie encore de tenir. L'épuisement maternel laisse des traces. Il vient brouiller les repères, fragiliser l'identité, entamer l'estime de soi. Et surtout, il crée une distance : avec soi-même, avec son enfant, avec son entourage.

L'épuisement maternel : Un impact profond sur le corps et les émotions

Quand le corps parle

Très souvent, c'est le corps qui lance l'alerte en premier. La fatigue devient constante, écrasante. Ce n'est plus seulement un besoin de repos, c'est une sensation de vide, comme si chaque cellule se vidait peu à peu de son énergie. Et même quand le bébé dort, même après une nuit « complète », rien ne change. Le matin arrive et la fatigue est toujours là.

Certaines mères viennent en consultation pour leur enfant, mais c'est leur corps à elles qui parle le plus fort. Maux de tête, tensions musculaires, douleurs digestives, palpitations... Tous ces signaux sont souvent minimisés, mis sur le compte du « manque de sommeil » ou du « stress du quotidien ». Pourtant, ils sont loin d'être anodins.

Lorsqu'une mère est constamment en « mode survie », son corps fonctionne sur un mode d'alerte permanent, avec notamment :

Fatigue chronique : Le manque de sommeil, associé à la pression constante, entraîne une fatigue qui ne se dissipe pas, même après une nuit de repos. La mère se sent constamment épuisée, avec une sensation de vide et de manque d'énergie.

Douleurs physiques : L'irritabilité et le stress chronique peuvent se manifester par des douleurs musculaires, des maux de tête, des tensions dans le dos, ou des problèmes digestifs. Ces symptômes sont souvent ignorés, mais ils peuvent devenir des maladies chroniques si l'épuisement persiste.

Affaiblissement du système immunitaire : L'épuisement prolongé réduit la capacité du corps à se défendre contre les infections. Les mères épuisées tombent plus souvent malades et mettent plus de temps à se rétablir.

Troubles du sommeil : Le manque de sommeil réparateur peut perturber le rythme biologique et entraîner des insomnies ou des troubles du sommeil, ce qui va aggraver l'épuisement.

Ce sont des cris du corps, souvent étouffés. Des messages que l'on a appris à ignorer. Mais à force de les taire, on s'épuise encore davantage. Ce déséquilibre physique est le premier cercle vicieux de l'épuisement maternel.

Quand les émotions débordent

L'épuisement n'affecte pas que le corps. Il s'infiltre aussi dans les émotions. Et là encore, les signaux ne sont pas toujours faciles à décoder.

Il y a cette irritabilité constante. Cette impression de ne plus avoir de filtres. Une demande banale de l'enfant devient insupportable. Une remarque du conjoint fait monter les larmes. La charge mentale, la pression, le manque de sommeil : tout alimente ce débordement émotionnel.

Certaines mères me disent :

« Je ne me reconnais plus. Je m'énerve pour rien, ou je me mets à pleurer sans raison. »

Ce n'est pas de la faiblesse. Ce sont les conséquences logiques d'un épuisement que l'on a trop longtemps nié.

Voici ce que j'observe très souvent en consultation :

Anxiété : Les pensées tournent en boucle. On anticipe le pire, on imagine tout ce qui pourrait mal se passer. Même les moments calmes sont traversés par une tension de fond.

Stress permanent : Le corps reste en alerte. Impossible de se détendre, même quelques minutes. Comme si le système nerveux n'arrivait plus à redescendre.

Déprime ou tristesse profonde : Une perte d'élan. Une sensation de vide. Ce sont des mères qui n'arrivent plus à se réjouir de quoi que ce soit, même des progrès de leur enfant.

Culpabilité : Ce poison invisible. Elle se glisse partout : *« Je n'en fais pas assez. » « Je devrais mieux gérer. » « Je ne suis pas une bonne mère. »* C'est une boucle intérieure douloureuse, qui alimente l'épuisement et en accentue les effets.

Quand le lien se fragilise

Dans certains cas, le lien avec l'enfant en souffre directement. Pas par manque d'amour — jamais. Mais parce que l'énergie pour entrer en relation n'est plus là. C'est un phénomène que je rencontre régulièrement : des mères présentes physiquement, mais absentes intérieurement. Elles sont là, elles répondent aux besoins, elles assurent. Mais l'essentiel, la présence émotionnelle, s'est mis en veille.

Et l'enfant le sent. Ce n'est pas toujours visible, mais c'est perçu très profondément.

Il peut alors se sentir mis à l'écart. Incompris. Parfois même rejeté. Et pour rétablir le lien, il va chercher à attirer l'attention — comme il peut. Par des cris, de l'agitation, des comportements qui dérangent. Ces comportements ne sont pas des caprices. Ce sont souvent des SOS émotionnels.

Je me souviens d'une maman qui m'a confié :

« Je ne comprends pas. Plus je suis fatiguée, plus il est insupportable. » En réalité, ce n'est pas qu'il veut « embêter ». C'est qu'il tente désespérément de retrouver un lien qui s'est distendu. Et plus il s'agite, plus la mère s'épuise. Le cercle vicieux est en place.

L'épuisement maternel et son impact sur la famille : une réalité clinique

Au cours de mes vingt années de pratique en tant que psychologue de l'enfant, une observation récurrente s'est imposée : de nombreuses mères qui consultent pour des difficultés comportementales ou émotionnelles chez leur enfant présentent elles-mêmes un état de fatigue intense, parfois jusqu'à l'épuisement. Ce constat met en évidence une réalité souvent méconnue : bien plus qu'une cause, le comportement de l'enfant est souvent le reflet de l'état émotionnel et physique du parent. Lorsque l'épuisement s'installe, il impacte profondément la relation parent-enfant, en amplifiant les tensions et les incompréhensions. Cette dynamique ne signifie en aucun cas que les parents sont responsables des difficultés de leur enfant, mais plutôt que leur propre bien-être joue un rôle central dans l'équilibre familial. C'est en prenant conscience de cette dynamique qu'une mère peut modifier son point de vue et parvenir à porter un regard différent à la fois sur elle-même et sur son enfant.

Et comprendre qu'elle a le pouvoir d'offrir un cadre plus apaisant et sécurisant à son enfant.

C'est un constat qui montre également une dynamique complexe où le bien-être maternel, les interactions parent-enfant et les relations conjugales sont étroitement liés.

Quand le couple s'essouffle

L'épuisement ne s'arrête pas à la relation mère-enfant. Il déborde, souvent silencieusement, sur la relation de couple.

Dans mes consultations, j'observe un phénomène récurrent : la communication entre les partenaires se fragilise, parfois jusqu'à la rupture du dialogue. Ce n'est pas toujours par manque d'amour, mais parce que chacun tente de survivre avec ses propres ressources, souvent limitées. L'un, généralement la mère, se sent submergée, incomprise, à bout. L'autre, souvent dépassé aussi, choisit le repli ou l'évitement.

Et alors, ce qui devait être un soutien devient une source supplémentaire de tension. Les petits désaccords se transforment en disputes. Les moments de tendresse disparaissent. On ne se parle plus, ou uniquement pour s'organiser. Le couple devient une équipe logistique... et parfois même plus tout à fait une équipe.

L'intimité s'efface aussi. Fatigue, manque de désir, irritabilité, besoin de solitude. Ce sujet, pourtant central, est rarement un motif de consultation à lui seul. Mais il revient souvent en filigrane, derrière les mots des mères épuisées. C'est une forme de souffrance silencieuse, enfouie derrière les urgences du quotidien. La relation physique devient un sujet douloureux ou tabou. Et la distance émotionnelle s'installe, comme un mur invisible.

Exemple clinique : Sophie

Sophie, mère de deux enfants de 4 et 7 ans, est venue consulter pour son fils aîné, Paul, qui faisait des crises de colère chaque soir. Des crises intenses, surtout à son retour du travail. Paul hurlait, refusait d'obéir, s'opposait systématiquement.

Au fil des séances, nous avons compris que ces comportements étaient étroitement liés à l'état d'épuisement de Sophie. Elle portait seule une grande partie de la charge mentale. Son mari, Marc, pourtant impliqué sur le plan pratique, restait émotionnellement distant. Ils ne parlaient presque plus de ce qu'ils ressentaient, encore moins de leurs difficultés.

Sophie oscillait entre culpabilité et exaspération. Parfois, elle criait. Parfois, elle cédait, épuisée. Marc, lui, se refermait davantage, ne supportant pas les tensions. Et Paul, au milieu, absorbait tout.

C'est un exemple typique du **cercle vicieux épuisement-incompréhension-conflit-comportements perturbateurs**.

Lorsque nous avons commencé à travailler avec Sophie sur la reconnaissance de ses limites, sur le droit de demander de l'aide, sur l'autorisation à ne pas tout porter, les choses ont commencé à évoluer. Elle n'a pas changé Paul. Elle s'est reconnectée à elle. Et cela a suffi à relâcher la pression.

Cette situation illustre comment l'épuisement maternel, associé à des difficultés de communication conjugale, peut créer un cercle vicieux où chacun des membres de la famille se trouve impacté.

L'épuisement maternel n'est donc pas seulement une problématique individuelle : il reflète un déséquilibre systémique qui touche l'ensemble de la famille.

Quand la présence devient absence

Une mère épuisée manque de patience et est moins disponible pour son enfant. Elle peut être plus irritée par les pleurs, les demandes ou les comportements des enfants, ce qui va inévitablement impacter la qualité de la relation.

Le manque d'énergie pour être pleinement présente perturbe le lien affectif, en créant une forme de **déconnexion émotionnelle** avec l'enfant. Parfois, certaines mères ont d'ailleurs du mal à saisir la différence entre la présence physique et la présence émotionnelle.

Elles peuvent ainsi ne pas comprendre les réactions de leur enfant en considérant qu'elles sont suffisamment présentes. Et c'est une réalité. Elles le sont, mais seulement physiquement. C'est comme si leur corps était présent, mais pas leur esprit, complètement noyé dans les préoccupations, les ruminations, les planifications, ou… leur téléphone !! Dans ces moments-là, ce que ressent l'enfant c'est l'absence de sa mère et non pas sa présence.

Et cette forme d'absence, les enfants la ressentent, même très jeunes. Ils n'ont pas les mots, mais ils perçoivent. Le regard qui ne s'attarde pas. La réponse mécanique. La tension dans la voix. Alors, ils cherchent à capter l'attention autrement : en appelant sans cesse, en se montrant agités, en multipliant les « bêtises ». Ce ne sont pas des provocations. Ce sont des appels. Des tentatives de rétablir un lien qu'ils sentent distendu.

Il peut avoir le sentiment qu'on ne fait pas attention à lui, qu'on ne s'intéresse pas à lui ou pire parfois : qu'on ne l'aime pas. Son bien-être peut rapidement en être affecté, avec l'apparition de signes d'anxiété, et le pousser à chercher cette attention de manière inappropriée, tout ce qui va finalement venir augmenter le stress des parents et aggraver leur état de fatigue. Le cercle vicieux est alors en place.

Une influence durable sur l'enfant

Quand cette dynamique se prolonge, elle ne touche pas seulement la relation mère-enfant. Elle s'imprime aussi dans le développement émotionnel de l'enfant.

Les enfants apprennent par mimétisme. Et si la mère, épuisée, répond à la frustration par de la colère ou se replie dans le silence, l'enfant enregistre ces schémas. Il intègre que la colère est une réponse normale. Ou que les émotions doivent être cachées. Ou encore qu'il vaut mieux ne pas déranger, pour éviter de surcharger l'autre.

À long terme, cela peut fragiliser :

- leur régulation émotionnelle ;
- leur confiance dans la relation à l'autre ;
- leur sécurité affective.

Ce n'est pas une fatalité. Mais c'est un signal. Et plus il est reconnu tôt, plus il est possible d'agir.

Exemple clinique : Caroline

Caroline, 35 ans, est venue consulter pour sa fille de 8 ans, Clara. Depuis plusieurs semaines, Clara refusait d'aller à l'école. Elle faisait des crises d'angoisse chaque matin, parfois même dès le réveil. Caroline, seule depuis la séparation avec le père de Clara, se sentait complètement démunie.

Très vite, dans nos échanges, quelque chose est devenu évident : l'épuisement de Caroline. Elle dormait mal, souffrait de migraines quasi quotidiennes et se plaignait de troubles digestifs persistants. Émotionnellement, elle était au bord du gouffre. Elle avait des accès de colère contre sa fille, puis de la culpabilité, des larmes, du découragement.

« J'ai l'impression de tout porter seule, me disait-elle. Je ne peux pas m'effondrer, mais à l'intérieur, je n'en peux plus. »

Clara, de son côté, absorbait tout. Sans toujours comprendre. Mais elle ressentait la tension, la fragilité de sa mère, et son propre stress augmentait. Ses refus d'aller à l'école, ses peurs, ses pleurs… étaient les symptômes d'un lien trop tendu, d'une ambiance familiale trop lourde à porter pour une enfant de son âge.

Cet exemple est révélateur : l'épuisement maternel ne s'exprime pas toujours directement. Il se glisse dans les comportements des enfants, dans leurs troubles, leurs angoisses. Il se manifeste là où on ne l'attend pas, et c'est souvent en comprenant cela qu'un premier pas peut être fait vers le changement.

Quand le stress devient une norme silencieuse

Mais au-delà de ce qui se joue dans le foyer, il y a une pression plus vaste, plus diffuse, qui pèse sur de nombreuses mères : **celle du stress parental** induit par notre société.

Ce stress ne vient pas uniquement du quotidien ou des responsabilités liées aux enfants. Il est souvent le fruit d'un conditionnement invisible, hérité de notre culture de la performance. On nous a appris, subtilement, que notre valeur reposait sur ce que l'on accomplit. Alors, on court. On compare. On cherche à tout concilier, à tout bien faire.

Une maison impeccable. Des enfants épanouis. Une carrière active. Des repas équilibrés. Un couple préservé. Et, bien sûr, une mère toujours patiente, présente, souriante.

Ce modèle est impossible à atteindre. Pourtant, on l'intègre, parfois sans s'en rendre compte. Et cela crée un **décalage douloureux** entre ce que l'on croit devoir être... et ce que l'on peut réellement assumer.

Ce stress chronique devient une norme. On finit par croire qu'il est normal d'être tendue en permanence, débordée, irritable, fatiguée. Mais ce n'est pas une fatalité. Ce n'est pas ça, vivre. Ce n'est pas ça, être mère.

Revenir à l'essentiel

Nos enfants ne demandent pas une mère parfaite. Ils n'ont pas besoin de plus d'objets, de plus d'activités, de plus de contrôle. Ils ont besoin **de nous**, dans notre authenticité. D'un regard attentif. D'une présence réelle. De notre amour, même imparfait.

Le véritable antidote au stress ne se trouve pas dans l'organisation parfaite ni dans l'accumulation de conseils. Il se trouve dans le retour à soi. Dans la lente réappropriation de ce qui compte vraiment : la présence, la simplicité, l'écoute de nos besoins profonds.

C'est à partir de là que peut commencer une reconstruction. Et c'est ce retour à l'essentiel qui ouvre la voie vers une estime de soi retrouvée, et une identité plus stable — non pas fondée sur ce que l'on fait, mais sur ce que l'on est.

Mais quand cette pression extérieure devient une habitude, quand le stress prend toute la place, c'est notre lien à nous-mêmes qui commence à s'effriter. On ne sait plus vraiment ce qui nous fait du bien. On oublie nos envies. On s'éloigne de nos ressentis. On s'épuise à répondre à des attentes extérieures… jusqu'à ne plus savoir qui l'on est vraiment.

Et c'est là que l'épuisement va toucher quelque chose de plus profond encore : **notre estime de soi, notre identité de femme.**

Quand l'épuisement maternel fragilise l'estime de soi et l'identité

Lorsqu'une mère en vient à se déconnecter de son enfant, ce n'est jamais un choix. C'est souvent le signe qu'elle s'est, en réalité, déconnectée d'elle-même. L'épuisement agit en profondeur. Il altère l'image de soi, grignote la confiance, brouille l'identité.

Beaucoup de mères que j'accompagne me disent cette phrase douloureuse :

« *Je ne sais plus qui je suis.* »

Avant d'être mères, elles avaient une vie, des projets, des passions. Mais peu à peu, tout s'est effacé derrière un rôle devenu trop lourd. Elles ne se définissent plus que par ce qu'elles font — pas par ce qu'elles sont. Et quand elles jugent ne pas parvenir à « gérer », elles ont l'impression de ne plus rien valoir.

C'est ce qu'on appelle l'érosion de l'estime de soi. Une forme de vide intérieur qui se nourrit du décalage entre ce qu'on pense devoir être… et ce qu'on est réellement, dans l'épuisement.

Une identité réduite au rôle maternel

Dans cet état, il devient difficile de se souvenir qu'on est aussi une femme, une personne à part entière. On se sent invisible. Définie uniquement par des fonctions : nourrir, soigner, gérer. Et plus les besoins personnels sont mis de côté, plus le brouillard s'épaissit.

Retrouver son identité, c'est alors un travail de reconnexion à soi. Se souvenir de ce qui nous faisait du bien. De ce qui nous faisait vibrer. De qui on était, et surtout de qui on est encore — derrière la fatigue, derrière les automatismes.

Ce n'est pas simple. Mais c'est possible. Et c'est essentiel.

Reprendre pied, un pas à la fois

L'épuisement maternel n'est pas une fatalité. Même dans les moments les plus sombres, il reste des portes d'entrée vers un mieux-être. Une pause. Un non. Une main tendue. Un rendez-vous avec soi-même, aussi court soit-il.

Sortir de l'épuisement, c'est d'abord en prendre conscience. Puis, c'est accepter que prendre soin de soi n'est pas égoïste. C'est indispensable. C'est même une forme de responsabilité, pour soi et pour ses enfants.

En apprenant à s'écouter, à demander de l'aide, à poser des limites, une mère montre à son enfant un message précieux : il est possible de traverser les tempêtes sans se perdre. Et que prendre soin de soi est une manière d'aimer.

Comprendre, c'est déjà commencer à se reconstruire

L'épuisement maternel ne touche pas uniquement le corps ou les émotions. Il agit comme une onde de choc silencieuse, qui fissure peu à peu la relation à soi, à l'autre, à son enfant. Il s'infiltre dans les gestes du quotidien, dans le regard qu'on porte sur soi, dans la manière dont on se parle intérieurement.

Mais si ses conséquences sont multiples, elles ne sont pas irréversibles.

Le simple fait de reconnaître cet état est déjà un acte fort. Mettre un mot sur ce qu'on ressent. Admettre qu'on est à bout. C'est souvent ce premier pas — douloureux, mais nécessaire — qui permet de sortir de la spirale.

Ce chapitre n'avait pas pour but d'inquiéter, mais d'éclairer. De poser un cadre à ce que beaucoup de mères vivent sans toujours pouvoir le nommer. Car comprendre ce qui se joue en soi, c'est commencer à retrouver du pouvoir sur ce que l'on traverse.

Et ce pouvoir commence par des gestes simples. S'autoriser à ne plus tout porter. Reprendre une respiration. Revenir à soi, un peu. Se rappeler que derrière le rôle de mère, il y a une femme. Vivante. Fatiguée peut-être. Mais capable, aussi, de se reconstruire.

À retenir : ce que provoque l'épuisement maternel

- **Ce n'est pas une simple fatigue**, mais un état profond qui touche le corps, le mental et les émotions.
- Il peut provoquer :
  des douleurs physiques persistantes ;
  une irritabilité constante ;
  des troubles du sommeil et une baisse de l'immunité ;
  une déconnexion émotionnelle ;
  de l'anxiété, de la tristesse, de la culpabilité.
- **Le lien avec l'enfant peut se fragiliser**, non par manque d'amour, mais par manque d'énergie intérieure.
- **Les enfants absorbent ce climat émotionnel**, parfois en développant eux-mêmes de l'anxiété, des troubles du comportement ou un besoin d'attention exacerbé.
- **Le couple peut s'éloigner**, faute de communication ou de soutien émotionnel mutuel.
- **L'identité et l'estime de soi sont affectées** : la mère ne se reconnaît plus, se définit uniquement par ses fonctions, et perd le contact avec ses besoins profonds.
- **Le stress parental est souvent amplifié par une société qui valorise la performance**, et déconnecte les mères de leur propre rythme intérieur.

La bonne nouvelle : cet état n'est pas irréversible.

Nommer ce que l'on vit, s'autoriser à demander de l'aide, reconnecter à ses besoins... sont des actes de reconstruction puissants. Et surtout : **prendre soin de soi, ce n'est pas abandonner ses enfants. C'est leur offrir une mère plus vivante, plus présente, plus alignée.**

Chapitre 3 : Les mythes de la mère parfaite

Vous êtes-vous déjà surprise à penser que vous deviez « tout gérer » ? Sans vous plaindre, en gardant toujours le sourire ? Si oui, vous n'êtes pas seule. Combien de mères arrivent en consultation, épuisées, en larmes, en murmurant : *« Je ne comprends pas… je fais tout ce qu'il faut, et pourtant, je me sens vide. »*

Cette sensation étouffante vient souvent d'un poids invisible, mais redoutable : **le mythe de la mère parfaite**.

Ce chapitre n'est pas là pour vous culpabiliser, bien au contraire. Il est là pour mettre en lumière ces attentes irréalistes qui pèsent sur nous, les mères. Ces injonctions silencieuses, qui nous poussent à faire toujours plus, toujours mieux, jusqu'à s'oublier complètement. Ensemble, nous allons comprendre comment ces mythes s'installent, comment ils affectent notre quotidien, nos émotions, notre estime… et surtout comment s'en libérer.

Car non, vous n'avez pas à être parfaite pour être une bonne mère. Vous avez juste besoin d'être vous — avec vos forces, vos doutes, vos limites. Et si on commençait par déconstruire, en douceur, ce masque de perfection qui vous étouffe ? Parce que derrière, il y a une mère vivante, sensible, compétente, qui mérite d'exister pleinement. Pour elle. Et pour ses enfants.

Le mythe de la mère parfaite, qu'est-ce que c'est ?

Nous avons toutes, à un moment ou à un autre, ressenti cette pression invisible qui nous pousse à être la « mère parfaite » : celle qui a tout sous contrôle, qui jongle sans effort entre ses enfants, son travail, son couple, ses amis, et parfois même ses passions. Cette image idéalisée, souvent véhiculée par la société, les médias, et plus récemment les réseaux sociaux, nous donne l'impression qu'il existe une norme absolue de ce que doit être une mère. Et, à bien y réfléchir, il est difficile de ne pas se comparer à cette image.

J'ai souvent entendu dans mon cabinet des mères me confier leur sentiment d'être à bout à force de tenter de tout concilier. Finalement à force de tenter de coller à cette image. Cette norme floue, mais omniprésente, qui s'insinue jusque dans les gestes du quotidien : préparer un goûter « maison », organiser une activité ludique, ne jamais s'énerver, ne jamais lâcher.

Et bien sûr, je n'ai pas échappé à la règle. Moi aussi, j'ai culpabilisé pour des détails insignifiants. En me demandant si j'en faisais assez. Si j'étais à la hauteur. En m'en voulant de ne pas réussir à calmer les pleurs de mon bébé, alors même que je connaissais parfaitement les besoins d'un nourrisson, les stades du développement, les réactions d'attachement... Justement, parce que je savais tout cela, je m'autorisais encore moins le droit à l'erreur. Cette exigence, silencieuse, mais constante, m'a lentement vidée. Et c'est dans cette fatigue, cette pression étouffante, que j'ai compris à quel point ce mythe peut être destructeur. C'est ce déclic-là qui m'a donné envie de l'exposer ici, et surtout, d'inviter chaque mère à s'en libérer.

Nous nous retrouvons parfois à faire des sacrifices personnels, à ignorer nos besoins, dans l'espoir de correspondre à ce modèle. Mais derrière cette quête de perfection se cache un lourd tribut à payer.

Ce mythe agit comme un juge silencieux. Il ne crie pas, mais il accuse. Il susurre à l'oreille : « Tu pourrais faire mieux ». Il vole le plaisir des petites victoires pour mettre la lumière sur tout ce qui aurait pu être mieux fait. Et quand on devient mère, il ne nous quitte plus. Il devient un compagnon de route invisible, mais épuisant.

Mais alors, pourquoi ce mythe pèse-t-il autant sur les épaules des femmes ? Et pourquoi n'existe-t-il pas, ou si peu, de mythe du père parfait ? La réponse est avant tout historique et culturelle. La maternité a longtemps été perçue comme une vocation, un devoir presque sacré. Tandis que la paternité a longtemps été pensée comme un rôle secondaire, périphérique.

Et c'est ce déséquilibre que nous devons remettre en question. Non pas pour imposer aux pères les mêmes injonctions, mais pour libérer les mères de celles qui les emprisonnent.

Une égalité illusoire, des rôles à redéfinir

Avec l'évolution des droits des femmes et leur entrée massive sur le marché du travail, un nouveau paradoxe est apparu : celui d'une égalité en surface, mais d'un déséquilibre persistant en profondeur. Car si les femmes ont conquis des espaces professionnels, sociaux, politiques, la maternité, elle, est restée un bastion de représentations figées. On attend des mères qu'elles travaillent « comme si elles n'avaient pas d'enfants », tout en s'occupant de leurs enfants « comme si elles n'avaient pas de travail ».

C'est ici que l'illusion de l'égalité devient dangereuse. En faisant comme si hommes et femmes partaient du même point, on invisibilise une réalité fondamentale : porter un enfant, accoucher, allaiter... sont des expériences profondément incarnées, qui n'ont pas d'équivalents du côté paternel. Elles créent une asymétrie, naturelle, qui appelle non pas une compétition, mais une **complémentarité assumée.**

Être mère, ce n'est pas simplement une fonction. Pour beaucoup de femmes, c'est une expérience viscérale, physique, totale. Il ne s'agit pas de s'y enfermer, mais de reconnaître que cela implique un engagement corporel et émotionnel unique. Et cet engagement ne peut ni être minimisé ni banalisé, au nom d'un partage mathématique des tâches.

Cela ne veut pas dire que le rôle du père est secondaire. Bien au contraire. Le père, dans cette triade, est celui qui sécurise. Il est le garant du cocon dans lequel la dyade mère-enfant peut s'épanouir. Par sa présence, son implication, sa disponibilité émotionnelle et matérielle, il offre à la mère l'espace dont elle a besoin pour accueillir la vie. Et quand il prend pleinement sa place, il devient un pilier fondamental de l'équilibre familial.

Certaines figures paternelles se sont déjà engagées sur cette voie avec brio (Implication dans le partage des tâches, dans les activités extrascolaires, reconnaissance de l'état d'épuisement maternel...). Mais force est de constater que les repères manquent, que les modèles sont encore flous, et que beaucoup d'hommes tâtonnent pour savoir quelle place prendre. La société valorise encore peu ces engagements discrets, mais essentiels. Ce n'est donc pas seulement la mère qu'il faut libérer de ses injonctions, c'est aussi le père qu'il faut aider à se réapproprier son rôle.

Et c'est précisément cette présence sécurisante du père qui m'a manquée. Celle que j'attendais, que j'espérais. Le père de mon enfant avait déjà pris de la distance avant même l'accouchement, prisonnier d'une double vie dont j'ai découvert l'existence plus tard. Il savait pourtant. Il savait que je ne m'étais jamais sentie capable de devenir mère seule. Il connaissait mes doutes, mes fragilités. Et malgré cela, il s'est éloigné.

Ses rares moments de présence ont pourtant été salvateurs. Je me souviens d'un soir en particulier. Le bébé avait pleuré toute la journée. Rien n'y faisait. J'étais à bout de forces. Il ne me restait plus que des larmes. Dans un élan de désespoir, je l'ai appelé. Il a fini par venir. Il s'est installé sur le canapé, a pris le bébé sur son torse. Moi, je me suis effondrée. Je me suis endormie, instantanément.

Quand j'ai ouvert les yeux, il m'a murmuré : « Ça fait trois heures que tu dors. » Trois heures. C'était peu, mais ce jour-là, ces trois heures m'ont sauvée.

Voilà quel est le risque de cette quête de perfection : **l'épuisement. Le stress chronique.** Une image de soi déformée et un sentiment constant de ne pas être à la hauteur.

Mais ce mythe ne se limite pas à une image globale, floue et pesante. Il prend racine dans une multitude d'attentes précises, parfois contradictoires. Ces exigences du quotidien — souvent si intériorisées qu'on ne les remet même plus en question — forment un carcan qui alimente l'épuisement et la culpabilité.

Qu'attend-on réellement d'une « bonne mère » aujourd'hui ? Et pourquoi ces standards sont-ils si souvent inaccessibles ?

Les attentes irréalistes associées au mythe

Le mythe de la mère parfaite ne repose pas sur une seule image figée. Il se décline, insidieusement, en une multitude d'injonctions plus ou moins visibles. Chacune s'ajoute à l'autre, jusqu'à composer une liste impossible à tenir. Et pourtant, on essaie. On s'épuise à tenter de répondre à toutes ces attentes, sans même toujours s'en rendre compte.

La mère doit tout faire et tout savoir : Être experte en allaitement, en diversification, en éveil, en psychologie de l'enfant. Gérer les rendez-vous, les repas, les activités, sans oublier les lessives ni l'administration. Le tout avec le sourire, bien entendu. Et si possible, en ayant une activité professionnelle réussie, et bien sûr trouver du temps pour prendre soin d'elle !

La mère doit être toujours souriante et patiente : Ne pas crier. Ne pas craquer. Être calme même à bout de nerfs, aimante, même épuisée, compréhensive même face à l'opposition. Et bien sûr, ne jamais regretter. Parce que, voyons, « c'est que du bonheur ».

La mère doit être parfaite physiquement : Mince, bien habillée, maquillée juste ce qu'il faut. On nous montre des mères rayonnantes deux semaines après l'accouchement, comme si le corps n'avait rien traversé. Des mères qui reprennent le sport, le travail, la vie sociale, sans cernes.

La mère doit avoir une maison parfaite : La maison de la mère parfaite est toujours propre, rangée et accueillante. Elle prépare des repas équilibrés et variés, et organise des activités ludiques pour ses enfants.

La mère doit réussir à concilier vie professionnelle et vie familiale : De plus en plus, les mères sont encouragées à avoir une carrière tout en étant des mères dévouées. Cette double exigence est difficile à concilier et peut générer un sentiment d'échec.

La mère doit être disponible pour ses enfants en permanence : Le mythe de la mère parfaite implique que la mère doit être entièrement dévouée à ses enfants et être disponible à tout moment. Elle doit être présente à toutes les activités extrascolaires, aux réunions de parents, etc.

Tout cela crée un modèle impossible à atteindre. Un idéal mouvant, fluctuant, mais toujours hors de portée. Un modèle qui ne laisse aucune place au doute, à l'épuisement, à la colère ou à la vulnérabilité.

Ce sont ces attentes, justement, que nous allons déconstruire dans les pages qui suivent. Parce que tant qu'on les subit sans les questionner, on reste prisonnières d'un scénario écrit pour nous. Alors qu'il est temps, vraiment temps, de réécrire notre propre version de la maternité.

Les conséquences du mythe sur les mères

Croire qu'on doit être parfaite ne reste jamais sans effet. Cette pression, même silencieuse, finit par se faire sentir dans chaque recoin du quotidien. Et souvent, elle provoque un effritement lent, presque invisible. Une érosion de l'intérieur. Ce mythe de la mère parfaite use, vide, et abîme.

La culpabilité est souvent la première à s'installer. Une culpabilité tenace, qui se glisse partout : quand on laisse un enfant pleurer quelques minutes, quand on sert des coquillettes pour la troisième fois de la semaine, quand on n'a pas eu le courage de lire une histoire le soir. Elle ne se mesure pas à la gravité des faits, mais à l'écart entre la réalité et l'idéal impossible qu'on s'impose.

« Je ne suis pas à la hauteur. »

« Je ne fais pas assez. »

« Je devrais être capable. »

« Je ne suis pas faite pour être mère »

« Je n'ai pas le temps de prendre soin de moi »

Ces pensées, je les entends régulièrement dans mon cabinet. Et trop souvent, elles viennent de femmes qui donnent tout, qui s'oublient même, mais qui ont l'impression que ce n'est jamais suffisant.

La perte de confiance en soi suit de près. Parce qu'à force de se juger, on finit par douter de tout. Ces mères doutent de leurs choix, de leurs intuitions, de leurs capacités. Elles deviennent hypersensibles aux remarques, n'osent plus poser de limites, ou disent oui alors qu'elles pensent non. Elles sacrifient leurs besoins, parfois même leur santé, pour répondre aux attentes des autres.

Et puis, bien sûr, **l'épuisement**. Pas juste la fatigue d'une mauvaise nuit. Non, un épuisement plus profond. Physique, émotionnel, mental. Celui qui donne l'impression de ne plus avoir de réservoir, de fonctionner à vide. De ne plus avoir l'espace mental pour réfléchir, la disponibilité pour savourer les moments de joie, ni l'énergie pour affronter les défis du quotidien.

L'isolement en est souvent la conséquence directe. Quand on se sent inadéquate, on n'ose plus parler. On s'éloigne des autres mères par peur d'être jugée, ou parce que les autres semblent aller « mieux ». On se tait, on cache, on joue un rôle. Et plus on s'éloigne, plus on se sent seule. Prisonnière de cette impression que les autres y arrivent, elles.

Et pourtant, derrière chaque silence, il y a souvent une autre femme qui ressent la même chose.

Prenons l'exemple d'**Élise**, mère de deux enfants, qui est venue me consulter après des mois de surcharge mentale. Elle travaillait à temps plein, s'occupait de la maison, des repas, des devoirs, des anniversaires. Elle voulait faire au mieux, pour tout le monde. Mais elle pleurait en cachette dans sa voiture, entre le travail et la crèche. Elle se sentait « nulle », « mauvaise mère », simplement parce qu'elle n'arrivait plus à tout faire.

Ce qu'Élise vivait n'avait rien d'un échec personnel. C'était une conséquence logique d'un système injuste, d'un idéal irréaliste, et d'un manque de soutien. Ce n'est pas elle qu'il fallait remettre en question, c'était le modèle.

Voilà pourquoi il est urgent de remettre les pendules à l'heure. D'oser dire que non, on ne peut pas tout faire. Et surtout, qu'on n'a pas à le faire seule.

Déconstruire le mythe de la « mère parfaite »

Se libérer du mythe de la mère parfaite ne se fait pas en un claquement de doigts. C'est un processus. Un cheminement intérieur qui demande d'abord de reconnaître à quel point cette image idéalisée s'est immiscée dans notre quotidien. Et surtout, à quel point elle nous épuise !

Accepter l'imperfection comme normalité

La première étape, c'est accepter l'imperfection comme norme, non comme exception. La perfection n'existe pas. Une bonne mère n'est pas celle qui fait tout parfaitement, mais celle qui fait de son mieux, avec les ressources du moment. C'est celle qui, même fatiguée, même perdue, continue d'aimer, de chercher, d'apprendre. Et parfois, c'est celle qui sait dire stop. Qui accepte que ses besoins comptent aussi.

Se reconnecter avec ses besoins et se donner la permission de s'occuper de soi

Déconstruire le mythe, c'est aussi se reconnecter à soi. Retrouver cette femme derrière la mère. Qu'est-ce qui vous fait du bien ? Qu'est-ce qui vous ressource ? Une marche seule, un moment de silence, une pause sans culpabilité ? C'est comprendre la nécessité de penser à nouveau à soi. Parce qu'une mère qui s'écoute, qui se respecte, qui se traite avec douceur, est une mère plus disponible émotionnellement pour son enfant. Il s'agit de s'autoriser des moments de répit régulièrement, pour réapprendre à s'aimer.

Valoriser la diversité des expériences maternelles

Enfin, c'est sortir de la comparaison. Il n'y a pas une bonne manière d'être mère. Il y en a autant qu'il y a de femmes. C'est cette diversité qui est précieuse. C'est elle qu'il faut mettre en lumière, valoriser. Ce que vous vivez, ce que vous ressentez, vos façons d'aimer, de poser vos limites, d'accompagner votre enfant : tout cela mérite d'être reconnu sans filtres, sans masque, sans mise en scène. Déconstruire ce mythe, c'est donc aussi changer notre regard collectif. C'est oser dire « je suis une bonne mère même quand je doute ». C'est créer de l'espace pour plus d'authenticité, plus de solidarité entre femmes, plus de compassion.

Parce qu'au fond, ce que nos enfants attendent de nous, ce n'est pas qu'on soit parfaites. C'est qu'on soit là. Vraiment là. Présentes, aimantes, vivantes.

<u>Soutenir les autres mères et briser le silence autour de l'épuisement</u>

Et si la clé pour briser ce mythe résidait aussi dans nos liens entre mères ? Dans cette sororité unique, tissée d'expériences partagées, de regards sans jugement, de mots simples qui réconfortent. Une solidarité maternelle qui ne cherche pas à comparer, mais à soutenir. On pourrait imaginer des cercles de parole, des groupes informels dans un salon ou au parc, où l'on pourrait dire « moi aussi, j'ai pleuré hier soir » sans peur d'être jugée. On pourrait oser se demander de l'aide, sans honte. Se prêter un plat préparé, garder le bébé vingt minutes pour une douche, envoyer un message juste pour dire : « Tu fais déjà beaucoup. » Cultiver cette sororité, c'est refuser l'isolement. C'est semer une graine de réconfort dans une société qui nous en demande trop, trop souvent, sans jamais nous tendre la main. C'est nous rappeler que nous ne sommes pas seules.

Conclusion : Vers une maternité plus libre et plus vivante

Déconstruire le mythe de la « mère parfaite », c'est s'autoriser à redevenir pleinement soi. C'est se libérer d'un rôle figé pour redevenir une femme vivante, une mère aimante, humaine, parfois fatiguée, parfois débordée, mais profondément engagée dans sa maternité.

C'est aussi le point de départ d'un autre mouvement intérieur : celui de la reconnexion à soi. Car après avoir fait tomber les masques, il reste cette question essentielle : qui suis-je, en dehors de tout ce qu'on attend de moi ? Quels sont mes besoins, mes élans, mes ressources ?

Le chapitre suivant vous invite à explorer justement cette voie : celle d'un retour vers vous-même. Un espace intime, doux et nécessaire, pour faire de votre bien-être une priorité — non pas en opposition à votre rôle de mère, mais en soutien profond à celui-ci.

À retenir : le piège du mythe de la mère parfaite

- Vouloir tout réussir sans faille épuise plus qu'il ne construit.
- Ce mythe insidieux alimente culpabilité, perte de confiance, épuisement et isolement. Il déconnecte les mères de leurs besoins réels et fragilise les liens familiaux.
- La bonne nouvelle : se libérer de ce mythe est possible.

Accepter l'imperfection, reconnaître ses besoins, oser demander du soutien : autant d'actes de résistance douce pour retrouver une maternité plus libre, plus vivante, et profondément humaine.

Chapitre 4 : Apprendre à se reconnecter à soi

Quand tout s'effondre, renaître de soi

Quels que soient le ou les facteurs qui mènent à l'épuisement, ils nous imposent souvent un temps d'arrêt. Un moment brut, sans fard. L'opportunité de venir débrancher le « pilotage automatique » et faire face à sa vulnérabilité. C'est parfois dans le silence le plus pesant ou au creux d'une fatigue vertigineuse que surgit légèrement cette question : « Où suis-je passée dans tout ça ? »

Je me souviens de ces instants. Devant mes cartons, après une séparation déchirante, face à un appartement vide et un avenir flou. J'ai enfin pu poser des mots sur ce que je vivais. Ça n'a pas été une illumination, juste une lente prise de conscience. « Pourquoi autant de souffrance ? », « Comment j'en suis arrivée là », « Quand est-ce que je me suis perdue ? ». Comme dans un réflexe de survie, je prenais conscience d'être déconnectée de mes besoins, de mes désirs et de qui j'étais vraiment.

Ça ressemblait à un effondrement, mais c'était un début. Dans ce tourbillon de responsabilités et de sollicitations constantes, il est facile de se perdre, de s'oublier. Et c'est dans ce chaos que j'ai pu voir se révéler la magie de la vie, lorsque l'on croit tout perdu, que l'on est à bout de forces parce qu'on a tout donné, à sa famille, à ses enfants, à son conjoint en s'oubliant totalement. C'est à ce moment-là que des milliers de lucioles apparaissent sur notre route. Celles qui donnent le courage de se reconstruire et de réinventer sa vie, comme s'il était nécessaire de se perdre pour se retrouver.

Dans ce chapitre, je vous propose de vous accompagner sur ce chemin vers vous-même. Un retour à soi qui n'est ni égoïste ni secondaire. Il est vital.

Nous verrons ensemble ce qu'implique cette reconnexion : comment elle peut prendre racine, les peurs qu'elle réveille, et surtout, les chemins concrets pour s'y engager.

Parce que retrouver qui l'on est, ce n'est pas tourner le dos à son enfant. C'est lui offrir une mère plus vivante, plus alignée, plus vraie.

La reconnexion à soi : qu'est-ce que c'est ?

Quand on devient mère, on est vite happée. Par les cris, les horaires, les besoins des autres. Par tout ce qu'on pense devoir faire — ou être — pour bien faire. Et peu à peu, sans s'en rendre compte, on s'éloigne de soi.

La reconnexion à soi, c'est l'inverse de cette fuite. C'est revenir doucement à l'intérieur. Revenir à cette femme qu'on était avant de devenir mère — ou peut-être pour la toute première fois. Et vous, à quand remonte la dernière fois où vous vous êtes réellement sentie exister, au-delà des rôles et des obligations ? Avez-vous encore une idée claire de ce qui vous anime profondément, en dehors de ce que vous faites pour les autres ?

La reconnexion à soi, c'est avant tout une écoute profonde de soi, de son corps, de son cœur, de son âme. C'est écouter cette petite voix intérieure qui murmure nos vérités, nos besoins, nos envies. Cette voix que l'on n'entend plus depuis parfois bien longtemps. Se reconnecter à soi, c'est en quelque sorte décrocher le mental et toutes ses ruminations anxieuses pour revenir à l'instant présent et être pleinement présente à soi. Cela demande du courage, car il faut parfois s'affranchir de ses to-do lists, se détacher des « je dois » et des « il faut », et de simplement s'arrêter, pour respirer et s'accorder un moment pour soi. En tant que mamans, nous avons tendance à nous mettre en dernier sur la liste.

Il peut être nécessaire de retrouver du calme pour écouter nos murmures intérieurs. Car dans le calme — ce calme que l'on redoute parfois —, il y a une vérité profonde : on commence à se retrouver. Le silence extérieur permet d'entendre le vacarme intérieur. Et c'est précisément là, dans ce repli hors du tumulte, que se réveille l'intuition, cette boussole que l'on croyait perdue.

Commencez par peu. Fermez les yeux. Posez la main sur votre poitrine. Respirez. Sentez ce qui est là, sans chercher à comprendre, à changer ou à fuir. Ce simple retour au souffle, au corps, c'est déjà un acte de reconnexion. Le début d'un dialogue avec soi, longtemps mis en pause.

Lorsqu'après la tourmente de ma séparation je me suis posée et mise à l'écoute de moi-même, j'ai tout d'abord ressenti les tensions corporelles du stress qui m'indiquaient que j'étais toujours dans une forme d'apnée à vouloir rester dans le contrôle de tout ce qui m'échappait.

Il n'y a pas eu de cri, d'éclat, juste moi, seule dans le silence d'un appartement vide. Après des mois à encaisser, à tenir bon, à faire comme si… quelque chose a lâché. Je ne saurais dire si c'est arrivé d'un coup ou si c'était là, depuis longtemps, prêt à me happer dès que je m'arrêterais. Je me suis assise, les bras ballants, sans plus chercher à retenir quoi que ce soit. Et la vague est venue. Une vague de tristesse, de colère, de culpabilité. Un mélange brûlant et étouffant.

Je n'ai rien fait pour l'arrêter. Je me suis laissé tomber. J'ai pleuré tout ce que je n'avais pas pleuré. Je me suis demandé pourquoi. Pourquoi avait-il dit ces mots ? Pourquoi m'avait-il regardée comme ça ? Pourquoi je n'avais pas su le retenir ? Les mensonges, les regards fuyants, les absences… tout s'est mis à converger vers une vérité que je refusais de voir. Et pourquoi je m'étais oubliée en chemin ?

Pourquoi je n'avais pas vu venir tout ce qui était en train de s'effondrer autour de moi ?

Les jours suivants, la tempête n'a pas faibli. Je me suis réveillée chaque matin avec ce poids sur la poitrine, cette douleur sourde qui m'attendait avant même d'ouvrir les yeux. Chaque douleur et chaque émotion remontait, amplifiées par le sentiment d'avoir été dupée. La culpabilité, la honte, la tristesse… Je les laissais m'envahir, comme si mon corps savait que c'était le seul chemin. Je n'avais plus la force de fuir. Plus la force de faire semblant.

C'était douloureux. Mais dans cette douleur, quelque chose se passait. Chaque larme, chaque question sans réponse, venait délier un nœud enfoui. Comme si la tornade, en ravageant tout, venait aussi balayer ce qui m'avait empêchée de sentir, de comprendre, de me retrouver.

Je croyais que je me perdais. Mais sans le savoir, je me dépouillais. Je laissais derrière moi ce que je n'avais plus à porter.

Je ne saurais dire quand ça s'est apaisé. Il n'y a pas eu de moment précis. Juste un jour, j'ai réalisé que le silence à l'intérieur n'était plus effrayant. Qu'il y avait de l'espace. Que ma douleur n'avait pas disparu, mais qu'elle n'occupait plus toute la place.

Dans ce silence, j'ai entendu des choses que j'avais oubliées. Des désirs enfouis. Des rêves que je croyais éteints. Ce n'était pas spectaculaire. C'était fragile, presque timide. Une sensation douce, comme si quelque chose se remettait à respirer en moi.

Je n'étais pas devenue une autre. J'étais en train de redevenir celle que j'avais toujours été, sous les couches d'épuisement, de concessions et de blessures. J'ai appris à me faire confiance à nouveau, à écouter mon intuition. Je ne laisserais plus personne me faire douter de ma valeur.

L'effondrement n'avait pas été la fin. Il avait été le commencement.

C'est là que j'ai compris : **pour se retrouver, il faut d'abord accepter de se perdre**

Pourquoi est-ce si difficile ?

On pourrait croire qu'il suffit d'avoir du temps ou de la volonté pour se reconnecter à soi. Mais souvent, ce n'est pas un manque de temps qui nous freine, c'est la peur. Car revenir à soi, c'est aussi faire face à ce qu'on a longtemps mis de côté : la douleur, la colère, les renoncements.

C'est devoir regarder en face ce que l'on a enfoui pour continuer à avancer : les déceptions qu'on a minimisées, les colères tues, les rêves mis entre parenthèses. C'est douloureux, parfois vertigineux. Parce que se reconnecter à soi, ce n'est pas seulement se faire plaisir, c'est aussi se retrouver face à ses blessures.

Je me souviens de cette période où, pour la première fois depuis des années, le silence s'est installé dans ma vie. La séparation avait balayé les repères, les habitudes, les compromis. Il n'y avait plus que moi, face à moi-même. Et si j'avais tant redouté cette solitude, c'est parce que je savais ce qu'elle allait réveiller.

Se reconnecter à soi, c'est d'abord faire face à tout ce qu'on a enfoui. Toutes ces émotions qu'on a mises de côté pour avancer, pour tenir, pour ne pas sombrer. La culpabilité, la tristesse, la colère. Des émotions qu'on croit maîtrisées, mais qui ressurgissent avec force quand on leur laisse enfin de la place. J'ai découvert que ce n'était pas l'effondrement qui faisait peur, mais tout ce qu'il risquait de révéler.

Pourquoi est-ce si difficile de se reconnecter à soi ? Parce que cela implique d'accepter qu'on se soit perdue. D'admettre qu'on s'est abandonnée quelque part sur le chemin. C'est reconnaître tout ce qu'on n'a pas voulu voir, toutes les parts de soi qu'on a sacrifiées pour répondre aux attentes des autres, pour essayer d'être la mère parfaite, l'épouse irréprochable. C'est affronter la douleur d'avoir trahi celle qu'on était, souvent sans même s'en rendre compte.

Il y a aussi la peur de ne plus savoir qui l'on est. Quand on a vécu si longtemps en fonction des besoins des autres, nos propres désirs deviennent flous, presque étrangers. Se demander : « *Qu'est-ce que j'aime vraiment ? Qu'est-ce qui me fait vibrer ?* » peut provoquer une forme d'angoisse. Parce qu'on redoute que la réponse soit : *Je ne sais plus.*

Mais si cette étape est si douloureuse, c'est parce qu'elle est profondément nécessaire. On ne peut pas se retrouver sans traverser cette zone d'ombre. C'est dans ce face-à-face avec nos blessures que naît la possibilité de se reconnecter à ce qui nous anime profondément. Ce chemin, je l'ai vécu comme une déconstruction. Il fallait déconstruire les illusions, les injonctions, les rôles dans lesquels je m'étais enfermée pour laisser émerger ce qui était resté là, intact, malgré les années d'oubli.

Et puis, il y a cette peur immense de la liberté retrouvée. Parce que se reconnecter à soi, c'est aussi reprendre la responsabilité de sa vie. Ne plus se cacher derrière les attentes des autres, ne plus s'accrocher à l'image de la mère parfaite ou à celle de la femme forte qui encaisse tout sans broncher. C'est accepter de poser des limites, d'oser dire non, de se choisir enfin. Et ce choix-là, aussi libérateur soit-il, peut être terrifiant.

Je crois que si ce chemin est si difficile, c'est parce qu'il exige de nous une immense tendresse envers nous-même. Il demande d'apprendre **à s'aimer** là où on s'était jugée, à se pardonner là où on s'était condamnée. Il faut du courage pour aller à sa propre rencontre, parce qu'elle implique d'accueillir ses parts d'ombre. Mais ce que j'ai découvert, c'est que derrière cette traversée, il y a quelque chose de lumineux qui nous attend. Une joie simple, celle d'être enfin soi. Une paix intérieure qui ne dépend plus du regard des autres. Une force nouvelle qui naît non pas de ce qu'on cache, mais de ce qu'on ose révéler.

Se reconnecter à soi, c'est renaître. Et avoir la possibilité de se reconnecter pleinement à ses enfants. Mais comme toute renaissance, cela demande d'abord d'accepter de traverser la nuit.

C'est dans cette obscurité — là où tout semble flou, instable, parfois insupportable — que naît peu à peu une clarté nouvelle. Ce n'est pas une lumière vive qui balaie tout, mais une lueur discrète, persistante, comme celle d'une veilleuse dans une pièce trop grande. Traverser la nuit, c'est accepter d'aller à la rencontre de ses zones d'ombre, de ne plus fuir ce qui fait mal, mais de l'accueillir pour mieux le comprendre.

C'est ce voyage, lent, intérieur, parfois solitaire, qui rend possible un retour vrai à soi… et, à travers lui, une présence plus pleine, plus juste, plus douce auprès de son enfant. Car on ne peut pas réellement être en lien avec l'autre si l'on s'est perdu de vue soi-même.

Reconnexion à soi : se prioriser pour retrouver son équilibre intérieur

Revenir à soi, c'est accepter d'écouter ses émotions, de reconnaître ses limites et de s'autoriser à ralentir. Dans une société qui valorise la performance et l'effort, cette démarche peut paraître contre-intuitive. Et pourtant, elle est indispensable.

Prendre soin de soi, ce n'est pas quelque chose que l'on mérite seulement une fois toutes les cases cochées, tous les devoirs remplis, tous les besoins des autres comblés. C'est une base, une fondation. Car une mère épuisée, vidée, n'a plus rien à offrir — ni à elle-même ni à ses enfants.

Se prioriser, ce n'est pas délaisser les autres. C'est sortir de la logique du sacrifice pour entrer dans celle de l'équilibre. C'est reconnaître que notre bien-être n'est pas accessoire, mais essentiel. C'est comprendre qu'en étant mieux avec nous-mêmes, nous devenons naturellement plus présentes, plus stables, plus justes avec ceux qui nous entourent.

Lorsqu'une mère prend soin d'elle, elle envoie un message subtil et puissant à ses enfants : « Moi aussi, j'ai de la valeur. » Et cela change tout. Car un enfant élevé par une mère qui s'écoute, qui se respecte, apprend lui aussi à s'écouter et à se respecter. La relation devient plus fluide, moins chargée d'attentes invisibles.

C'est aussi un cadeau que l'on fait à son couple, à ses proches. Être bien avec soi, c'est alléger les tensions relationnelles. Ce n'est pas attendre que les autres comblent nos manques, mais entrer en lien avec eux depuis un espace plus apaisé, plus aligné.

Alors, concrètement, que signifie « se prioriser » ?

Cela peut être de très petites choses :

- dire non à un engagement qui nous épuise ;
- se lever dix minutes plus tôt pour avoir un moment pour soi ;
- s'octroyer une pause sans téléphone, sans sollicitation, juste pour respirer ;
- prendre le temps d'un thé chaud sans l'avaler en courant ;
- remettre à demain une tâche non urgente pour s'écouter aujourd'hui.

Chaque petite action de ce type est un acte de reconnexion. Un message que l'on s'adresse à soi-même : **« Je compte aussi. »**

Ce retour à soi demande du courage. Parce qu'il oblige à changer notre regard, à remettre en question des habitudes profondément ancrées. Mais il ouvre aussi une porte vers plus de paix, plus de clarté, plus de joie.

Les bienfaits d'une reconnexion à soi :

Bienfaits	Ce que cela change pour soi	Ce que cela change pour les autres
Moins de stress	Vous identifiez plus facilement vos besoins et vos limites, ce qui réduit la pression intérieure.	Vos enfants sentent une maman plus disponible, moins réactive, plus stable émotionnellement.
Plus de sérénité intérieure	Vous gérez mieux les émotions difficiles, vous gagnez en apaisement.	Cela crée une atmosphère plus calme à la maison, où chacun se sent plus en sécurité émotionnelle.
Clarté dans les relations	Vous vous exprimez avec plus de justesse, vous posez des limites saines.	Vos proches savent mieux comment interagir avec vous, les échanges deviennent plus authentiques et respectueux.
Meilleure connaissance de soi	Vous savez ce qui vous nourrit vraiment et ce que vous ne voulez plus.	Cela permet aux autres de mieux vous comprendre et de mieux vous soutenir.
Présence plus pleine	Vous n'êtes plus dans l'agitation, mais dans la qualité de présence.	Votre enfant se sent véritablement vu, entendu, aimé. Il n'a plus besoin de « réclamer » votre attention de manière agitée.
Capacité à inspirer	En prenant soin de vous, vous montrez l'exemple.	Vous transmettez à vos enfants le modèle d'une femme qui s'écoute, se respecte, et se choisit avec bienveillance.

Partir à la découverte de soi est un processus qui demande du temps, de la patience et de la bienveillance envers soi-même. Cela passe par des pratiques concrètes qui permettent de se recentrer, d'apprendre à écouter ses besoins et de redécouvrir qui l'on est en dehors du rôle de mère.

La pratique de la pleine conscience : comment démarrer

La pleine conscience est un excellent moyen de revenir à soi, en prenant le temps de ressentir et d'observer ce qui se passe en nous, sans jugement.

Respirer en conscience : Prendre quelques minutes par jour pour respirer profondément, observer les sensations dans son corps, son état émotionnel. Un exercice simple consiste à fermer les yeux et à porter son attention sur sa respiration pendant 5 minutes.

Les petits moments de pleine présence : S'entraîner à être totalement présente dans des instants simples du quotidien (boire un thé en conscience, savourer un moment de calme, observer la nature, écouter un morceau de musique sans distraction).

La méditation guidée : Pour celles qui débutent, des applications ou des vidéos de méditation peuvent être un bon point de départ. Vous en trouverez un large choix sur YouTube. Je recommande celles de Jan et Olivia, ou Jenna Blossoms.

Le scan corporel : Se poser et parcourir mentalement chaque partie de son corps, en accueillant les tensions, les sensations agréables ou inconfortables. C'est une pratique simple qui consiste à porter attention, l'une après l'autre, aux différentes parties de votre corps. Allongée ou assise confortablement, vous balayez mentalement votre corps des pieds jusqu'à la tête (ou inversement), en observant les sensations sans jugement : tension, chaleur, picotement, inconfort... ou absence de sensation. Le but ? Revenir à son corps, sortir du mental, et développer une écoute intérieure bienveillante.

C'est un excellent moyen d'apaiser le système nerveux et de retrouver une forme de présence à soi, tout en douceur.

Vous pouvez aussi utiliser ma **méditation guidée de scan corporel** qui vous guidera pas à pas dans ce retour bienveillant à votre corps.

Celle-ci est accessible en scannant le QR code ci-dessous :

https://drive.google.com/drive/folders/1UgNKqf9z8rn4PNzirszuY1AAWutQcXNQ

L'écriture : journal intime et écriture thérapeutique

L'écriture est un outil puissant pour se reconnecter à soi, car elle permet de déposer ses pensées, ses émotions et de mieux comprendre ce que l'on traverse.

Écrire sans filtres : Chaque jour, prendre quelques minutes pour écrire sans se censurer, en laissant venir ce qui a besoin de sortir. Cela peut être sous forme de journal intime ou de lettres à soi-même.

Lister ses besoins et ses désirs : Noter régulièrement ce dont on a envie, ce qui nous manque, ce qui nous nourrit. Cela aide à identifier ce que l'on peut mettre en place pour prendre soin de soi.

L'écriture des gratitudes : Noter chaque jour trois choses positives permet de changer de regard sur sa vie et d'ancrer plus de bien-être, même au cœur d'une journée difficile.

Dialoguer avec soi-même : S'écrire comme on parlerait à une amie, pour se rassurer, s'encourager et se donner de la douceur. Imaginez que vous parliez à votre meilleure amie après une journée difficile. Vous ne lui diriez pas « Tu es nulle, tu n'y arrives jamais », mais plutôt : « Tu fais de ton mieux, tu as le droit d'être fatiguée, tu n'es pas seule. » Écrire dans cet esprit permet d'apaiser le mental, de valider ses émotions, et de renforcer sa propre estime. Cela devient un espace refuge, un moment où vous pouvez vous réconforter... de l'intérieur.

La gestion du temps et des priorités : se permettre des moments pour soi

L'une des raisons majeures de la déconnexion à soi est le manque de temps. Pourtant, il est possible de retrouver de l'espace pour soi avec quelques ajustements.

Faire un état des lieux de son emploi du temps : Noter ses activités sur une semaine et repérer ce qui est imposé, ce qui est choisi et ce qui pourrait être allégé.

Définir ses priorités : Apprendre à dire non à ce qui ne nous nourrit pas pour faire de la place à ce qui nous fait du bien.

Bloquer des créneaux pour soi : Inscrire dans l'agenda des moments dédiés à soi (même courts), comme on le ferait pour un rendez-vous important.

Accepter l'aide extérieure : Si possible, déléguer certaines tâches, demander du soutien sans culpabiliser.

Le corps : écouter ses besoins physiques à travers des exercices ou le mouvement

Le corps est un formidable allié pour la reconnexion à soi, mais il est souvent mis de côté quand on est épuisée.

Bouger selon son énergie : Cela peut être une simple marche, du yoga doux, une danse libre dans le salon... L'important est d'écouter ce qui fait du bien à son corps.

Se faire du bien par le toucher : S'accorder des moments pour prendre soin de soi (massage, étirements, bains relaxants, automassage du visage).

Dormir et récupérer : Veiller à respecter son besoin de sommeil, même si cela passe par des microsiestes ou un rituel apaisant avant de se coucher.

Écouter son alimentation : Manger en conscience, repérer ce qui nourrit réellement le corps et ce qui est compensatoire. Rétablir un équilibre alimentaire souvent mis à mal par le stress et le manque de temps : fruits frais, noix, amandes, graines de chia, légumes, poisson...

La créativité comme chemin vers soi

Créer, c'est exprimer ce qui nous habite sans chercher à plaire. La créativité permet de se reconnecter à son âme d'enfant.

Peinture, dessin, collage : Peu importe la technique, l'important est de laisser parler son intuition. Se laisser guider vers les couleurs qui nous « appelle », s'autoriser à *ressentir* et à *exprimer*, sans filtres.

Chanter, danser : Oser libérer sa voix ou son corps sans chercher à être parfaite.

Jardinage, cuisine, bricolage : Des gestes précis qui ramènent dans l'instant présent.

La créativité reconnecte à la joie pure, sans objectif ni performance.

Tous ces outils ne sont pas des injonctions, mais des invitations. À vous d'aller vers ce qui vous attire. Il s'agit d'expérimenter, ajuster, recommencer. Même (et surtout) si c'est brouillon, imparfait, spontané. Se reconnecter à soi, c'est s'autoriser à tâtonner, à essayer... et à se découvrir pas à pas.

Ma reconnexion à moi-même s'est faite par petites touches, comme si chaque étape venait poser une pierre sur le chemin que je redécouvrais.

D'abord, il y a eu la spiritualité. Longtemps mise de côté, elle m'avait pourtant tant animée par le passé. Je suis retournée vers des lectures, des films, des documentaires qui éveillaient en moi des questionnements profonds sur la vie, sur l'univers, sur le sens de l'existence. Cette plongée intérieure m'a permis de retrouver une forme d'apaisement, une connexion intime avec quelque chose de plus grand que moi.

Puis, peu à peu, j'ai commencé à dessiner. Le dessin était un désir enfoui, presque oublié, que je ne m'étais jamais autorisée à satisfaire. À travers mon Bullet journal, j'ai trouvé une manière douce et accessible d'explorer cette créativité naissante. Ce carnet n'était pas qu'un outil d'organisation, il devenait un espace où je pouvais exprimer mes émotions, laisser courir mes idées et redonner une place à ma sensibilité artistique.

Enfin, la danse n'a jamais cessé d'être là. Elle a été mon ancrage, mon lien précieux avec mon corps. Danser, c'était m'autoriser à ressentir, à lâcher prise, à laisser la musique m'emporter. C'est grâce à elle que j'ai gardé ce fil ténu entre mon esprit et mon corps, même dans les moments les plus sombres.

Ces trois portes m'ont permis de retrouver des parts de moi que j'avais abandonnées. En renouant avec ces passions, je me suis réconciliée avec celle que j'avais été, mais aussi avec celle que je devenais.

Et vous, qu'est-ce qui vous fait vous sentir vivante ?

À retenir : ce que permet la reconnexion à soi

Se reconnecter à soi est une nécessité. C'est souvent après un effondrement, une rupture, un trop-plein, que l'on réalise à quel point on s'était perdue.

La reconnexion à soi implique de :

- Sortir du pilotage automatique et écouter ce qui se passe à l'intérieur ;
- Faire face à ce qu'on a enfoui : émotions, blessures, rêves oubliés ;
- Apprivoiser le silence, retrouver ses désirs profonds ;
- Oser ralentir, poser des limites, se prioriser ;
- Accepter ses parts d'ombre pour retrouver sa lumière.

Ce processus demande du courage, car il bouleverse les rôles dans lesquels on s'était enfermée.

Mais reconnectée à elle-même, une mère redevient vivante, centrée, alignée. Elle offre à son enfant une présence plus vraie, plus douce, plus stable.

La bonne nouvelle : cette reconnexion est accessible à toutes. Pas à pas, par la respiration, l'écriture, le mouvement, la créativité, chacun peut retrouver son axe. Et surtout : s'écouter soi, ce n'est pas tourner le dos à l'autre. C'est se rendre enfin disponible — vraiment.

Évaluation de la connexion à soi

1. Je prends régulièrement du temps pour moi, même si c'est quelques minutes par jour.

   1 : Jamais

   2 : Rarement

   3 : Parfois

   4 : Souvent

   5 : Toujours

2. Je suis capable de reconnaître mes émotions, qu'elles soient positives ou négatives.

   1 : Jamais

   2 : Rarement

   3 : Parfois

   4 : Souvent

   5 : Toujours

3. Je m'accorde la permission de dire non, même quand cela risque de déplaire aux autres.

   1 : Jamais

   2 : Rarement

   3 : Parfois

   4 : Souvent

   5 : Toujours

4. Lorsque je ressens de la souffrance, je prends le temps de comprendre ce qui la cause plutôt que de l'ignorer ou de la minimiser.

    1 : Jamais

    2 : Rarement

    3 : Parfois

    4 : Souvent

    5 : Toujours

5. Je suis capable de distinguer mes besoins personnels (besoin de repos, de solitude, d'attention) de ceux des autres.

    1 : Jamais

    2 : Rarement

    3 : Parfois

    4 : Souvent

    5 : Toujours

6. Je me permets de ressentir du plaisir et de la joie, même dans les petites choses du quotidien.

    1 : Jamais

    2 : Rarement

    3 : Parfois

    4 : Souvent

    5 : Toujours

7. Je suis en mesure de fixer des limites claires avec les autres sans me sentir coupable.

    1 : Jamais

    2 : Rarement

    3 : Parfois

    4 : Souvent

    5 : Toujours

8. Je prends régulièrement du recul face à des situations stressantes pour les évaluer de manière plus objective.

    1 : Jamais

    2 : Rarement

    3 : Parfois

    4 : Souvent

    5 : Toujours

9. Je suis à l'écoute de mon corps et je prends soin de lui quand je ressens de la fatigue ou du stress.

    1 : Jamais

    2 : Rarement

    3 : Parfois

    4 : Souvent

    5 : Toujours

10. Je me permets de rêver, de visualiser ce que je souhaite pour mon avenir et de prendre des mesures pour l'atteindre.

    1 : Jamais

    2 : Rarement

    3 : Parfois

    4 : Souvent

    5 : Toujours

11. Je me pardonne lorsque je fais des erreurs ou que je ne réponds pas à mes attentes.

    1 : Jamais

    2 : Rarement

    3 : Parfois

    4 : Souvent

    5 : Toujours

12. Je suis capable de reconnaître ce qui me rend heureuse et je fais des efforts pour y tendre régulièrement.

    1 : Jamais

    2 : Rarement

    3 : Parfois

    4 : Souvent

    5 : Toujours

Interprétation des résultats

12—30 points : La connexion à soi est faible. Il peut être utile de commencer par de petites actions pour prendre soin de soi et s'écouter davantage. Il est possible que la vie quotidienne, avec ses exigences, ait pris le dessus. Prendre du temps pour soi, même quelques minutes par jour, peut être un premier pas pour renouer avec soi.

31—48 points : La connexion à soi est modérée. Vous avez déjà quelques habitudes qui vous permettent de rester connectée à vous-même, mais il pourrait être bénéfique d'approfondir certaines pratiques de bien-être pour mieux comprendre et respecter vos besoins.

49—60 points : La connexion à soi est forte. Vous semblez bien à l'écoute de vous-même, et vous avez trouvé un bon équilibre pour prendre soin de vous tout en répondant aux besoins des autres. Continuez dans cette voie, et explorez de nouvelles façons de nourrir votre bien-être.

PARTIE 2 : L'ORGANISATION, UN REMPART SUR LE STRESS

Combien d'entre nous se sont retrouvées à courir dans tous les sens, à essayer de tout accomplir en ayant l'impression de ne jamais y arriver ? Combien de fois avons-nous souhaité pouvoir ralentir le rythme, passer plus de temps avec nos enfants et nous accorder de réels moments de détente ?

Nous avons vu comment, en devenant mère, le quotidien peut rapidement devenir un tourbillon épuisant dans lequel on se perd. Et entre les responsabilités familiales, professionnelles et personnelles, nous percevons parfois les outils d'organisation comme une contrainte supplémentaire, un poids plutôt qu'un soutien. Pourtant, bien utilisés, ils deviennent un véritable rempart contre le stress en facilitant non seulement une meilleure gestion du temps, mais également une diminution de la charge mentale, une amélioration de l'énergie et une confiance retrouvée en soi.

Dans cette partie, nous allons explorer comment une organisation consciente et adaptée à vos besoins réels peut devenir une alliée précieuse au quotidien. Vous découvrirez comment des gestes simples tels que prendre du temps pour vous-même, apprendre à dire non, ou déléguer certaines tâches, peuvent profondément transformer votre état d'esprit et votre bien-être physique.

Nous aborderons également le désencombrement sous toutes ses formes : matériel, mais aussi émotionnel, en tant que chemin essentiel vers l'amour de soi. Vous apprendrez à faire progressivement le vide autour de vous et en vous, afin de libérer de l'espace pour ce qui compte vraiment.

Enfin, nous verrons comment optimiser votre temps grâce à des listes de tâches efficaces, intégrer des routines apaisantes qui nourrissent durablement l'amour de soi et la relation à ses enfants, déléguer lorsque c'est nécessaire pour alléger votre charge mentale, et organiser vos repas grâce au batchcooking (méthode d'organisation culinaire qui consiste à préparer en une seule session plusieurs repas ou composants de repas pour la semaine à venir). Autant de clés pour reprendre les rênes de votre quotidien avec douceur, méthode et confiance, et créer ainsi une vie plus sereine et épanouie.

Mais avant tout, voyons comment apprendre à s'aimer peut tout changer…

Chapitre 5 : L'amour de soi au quotidien

Et si s'aimer devenait une priorité ?

Revenir à soi, c'est une étape essentielle. Mais apprendre à s'aimer... voilà le cœur du véritable changement. Car se reconnecter à soi sans amour, c'est comme allumer une lumière sans chaleur. C'est savoir qui l'on est... sans encore s'autoriser à exister pleinement.

Trop souvent, les femmes — et les mères en particulier — apprennent à aimer *pour* les autres. À se donner, à s'effacer, à se sacrifier parfois. Mais qui leur a appris à s'aimer, elles ? À se choisir sans se justifier, à se traiter avec autant de tendresse qu'elles en donnent autour d'elles ?

L'amour de soi : la pièce manquante

On a souvent une conscience diffuse de notre manque d'estime ou de confiance en nous. On sait qu'on doute de nous-mêmes, qu'on a du mal à s'affirmer, qu'on se met parfois en retrait. Mais ce qu'on ne mesure pas toujours, c'est à quel point ce manque d'amour de soi peut être à l'origine d'un véritable autosabotage. Lorsqu'on ne s'aime pas suffisamment, on devient vulnérable aux relations toxiques, aux jugements extérieurs, aux attentes des autres. On tolère l'intolérable sans même s'en rendre compte, persuadée que c'est normal, que c'est le prix à payer pour être aimée ou acceptée.

C'est précisément ce que j'ai vécu. J'ai toléré l'irrespect, la charge mentale écrasante, l'absence de reconnaissance... sans jamais m'autoriser à me poser la question essentielle : *Et moi, où suis-je dans tout cela ?* Et c'est peut-être la plus grande leçon et le plus grand bénéfice que m'a apporté le chaos de mon couple.

J'ai longtemps encaissé. Tant que l'irrespect ne me visait que moi, je résistais, abîmée, mais résignée. Je voyais aussi sa propre souffrance, son besoin désespéré de contrôle. Comme si plus il perdait pied, plus il s'acharnait à garder la main sur moi. Je croyais, à tort, que je pourrais l'apaiser. Jusqu'au jour où cette violence a débordé, où ses cris ont visé notre bébé. Il hurlait, volontairement, juste au-dessus du berceau, pour me faire taire, pour m'écraser. Et là, quelque chose s'est brisé. Ce n'est qu'à ce moment-là que j'ai réagi. Comme si voir mon enfant pris pour cible avait réveillé en moi une limite que je ne pouvais plus ignorer. Intérieurement, j'ai dit stop.

Peu à peu, je cessais d'exister, réduite au silence, enfermée dans une obéissance imposée. Ma seule issue semblait être la disparition, noyée dans un silence assourdissant, prisonnière d'une souffrance que je ne pouvais même plus nommer.

Cette souffrance est finalement révélatrice du manque d'amour que l'on se porte. Et cette prise de conscience peut tout changer. L'amour de soi ne nous a souvent pas été appris. On nous a appris à lire, à écrire, à compter, à être sage et polie, mais nous a-t-on appris à nous aimer ? Pourquoi ne nous aimons-nous pas d'un amour aussi inconditionnel que celui que nous avons pour nos enfants ? Peut-être parce qu'on a été élevées dans l'idée qu'aimer ses enfants suffisait à nous combler.

Apprendre à s'aimer, c'est apprendre à reconnaître sa valeur, indépendamment de ce que l'on fait ou de ce que l'on réussit. C'est oser s'accueillir dans ses failles, avec ses fragilités et ses imperfections, et se dire : « Je suis digne d'amour, même quand je ne vais pas bien, même quand je ne réussis rien. » C'est aussi sortir du regard des autres comme baromètre de sa propre valeur. C'est en réalité un apprentissage, une pratique régulière, presque comme une rééducation affective. Se parler avec bienveillance, se respecter dans ses besoins, se donner la priorité sans se justifier. Cela ne va pas de soi, mais c'est possible. Et libérateur.

Mais à défaut d'avoir appris à s'aimer, beaucoup de femmes trouvent une autre voie pour tenter de combler ce vide. Elles vont, inconsciemment, tenter de combler ce manque d'amour intérieur en se consacrant entièrement à leurs enfants. Elles donnent tout, avec une dévotion admirable, pensant parfois que cet amour donné pourra réparer leur propre vide. Mais cette dynamique, aussi généreuse soit-elle, les expose à l'épuisement. Car aimer ses enfants ne suffit pas à guérir de ses propres blessures. Parfois même, cet amour inconditionnel que l'on offre devient une manière d'oublier qu'on ne se l'est jamais accordé à soi. Or, il est illusoire de penser que l'amour donné aux autres peut remplacer celui qu'on se refuse. Les enfants ne peuvent pas être les garants de notre réparation intérieure.

Je remarque souvent ces schémas chez tant de mères épuisées que j'accompagne. Elles aussi sont devenues vulnérables au regard des autres, à leurs attentes, à leur besoin d'être validées. Elles s'oublient en pensant qu'elles n'ont pas le droit d'exister autrement qu'à travers le rôle qu'elles jouent pour les autres. Et plus elles s'oublient, plus elles perdent confiance en elles, plus elles laissent s'installer des dynamiques qui les écrasent. Conditionnées à penser que l'amour se mérite.

Les parents n'apprennent souvent pas à leurs enfants à s'aimer parce qu'ils n'ont eux-mêmes jamais appris à le faire. Ils reproduisent ainsi, inconsciemment, un modèle transmis par leurs propres parents ou par leur éducation, qui conditionne l'amour à la performance, à l'obéissance, à la conformité aux attentes. Ce sont malheureusement des croyances profondément ancrées : ces conditionnements sont profondément intégrés au point de devenir inconscients et donc à se transmettre automatiquement.

Il est vrai que les générations précédentes accordaient très peu de place à la psychologie de l'enfant ou au développement affectif. Beaucoup de parents actuels n'ont donc tout simplement jamais eu accès aux clés qui leur permettraient d'éduquer autrement. Ainsi, c'est tout un paradigme éducatif qui est à repenser. Pour briser ce cercle vicieux, les parents doivent d'abord entreprendre un travail personnel de conscience, apprendre à s'aimer eux-mêmes, et ainsi, naturellement, transmettre à leurs enfants cette conviction essentielle : l'amour véritable est inconditionnel. C'est précisément à partir de cette prise de conscience que peut commencer une éducation différente, fondée sur l'amour de soi comme base essentielle d'une vie épanouie.

Dans les pages qui suivent, je vous guiderai pas à pas pour apprendre, ou réapprendre, à vous aimer au quotidien. À cultiver ce lien intérieur si souvent oublié, pourtant si essentiel pour retrouver votre place, votre force, votre joie.

Ce que l'amour de soi n'est pas

L'amour de soi est un concept souvent mal compris et déformé. Voyons déjà ce que l'amour de soi n'est pas :

<u>L'amour de soi n'est pas une récompense</u>

L'amour de soi, ce n'est pas une récompense que l'on mérite après avoir coché toutes les cases. Ce n'est pas « quand j'aurai perdu ces kilos », « quand j'aurai retrouvé une vie équilibrée », « quand je serai une meilleure mère ». Ce n'est pas une ligne d'arrivée, un objectif que l'on atteint un jour avec fierté.

On le confond aussi souvent avec des petits plaisirs ponctuels : s'offrir un massage, prendre un bain, s'acheter une nouvelle tenue. Et bien que ces gestes puissent y contribuer, ils ne suffisent pas. Car l'amour de soi ne se résume pas à des soins extérieurs, il se cultive à l'intérieur, dans la manière dont on se parle, dont on s'écoute, dont on se respecte. L'amour de soi, c'est une posture, une façon d'être avec soi-même, même dans les pires moments. C'est décider qu'on mérite de la douceur même quand on se sent brisée, même quand on n'a rien accompli d'extraordinaire, même quand on se trouve imparfaite.

J'ai longtemps cru que m'aimer voulait dire être fière de moi. Mais j'ai compris que cela voulait surtout dire me tenir la main dans mes jours sombres. M'accueillir avec la même bienveillance que je le ferais pour un enfant. Ne plus être mon propre bourreau, mais enfin devenir mon alliée.

L'amour de soi n'est pas du narcissisme

Le narcissisme est un amour de soi excessif et égocentrique. Mais très superficiel : c'est en quelque sorte le culte de l'apparence souvent destinée à cacher un vide intérieur abyssal. Il se traduit par un besoin constant d'admiration et un manque d'empathie envers les autres.

L'amour de soi, ce n'est pas un repli sur soi ni une fermeture aux autres, c'est une fondation solide qui permet d'aimer plus justement, sans attente de validation extérieure. Pour se donner ce que l'on attend trop souvent des autres : du respect, de l'écoute, de la patience. Ce n'est pas choisir entre soi et les autres, mais apprendre à s'inclure dans l'équation, à exister sans s'effacer. Ce n'est pas se convaincre qu'on est parfait, qu'on ne fait jamais d'erreurs. Ce n'est pas non plus s'aimer uniquement quand tout va bien, quand on est à la hauteur de nos propres attentes ou de celles des autres.

L'amour de soi n'est pas égoïste

On confond souvent l'amour de soi avec l'égoïsme, comme si prendre soin de soi revenait à délaisser les autres. Pourtant, il n'y a rien de plus faux.

Aimer les autres commence par s'aimer soi-même. Une mère qui s'épuise à force de tout donner sans jamais se ressourcer ne pourra pas être pleinement disponible pour ses enfants. Une femme qui s'oublie pour répondre aux attentes des autres finira par se perdre et souffrir en silence. S'accorder du temps, de l'attention et de la douceur ne signifie pas qu'on se détourne de ceux qu'on aime, mais au contraire qu'on leur offre une version plus apaisée, plus authentique de nous-mêmes.

L'amour de soi, au contraire, est un amour sain et équilibré, qui inclut l'acceptation de ses imperfections et le respect des autres. Plus on s'aime, plus on est capable d'aimer les autres de manière authentique et désintéressée.

L'amour de soi c'est finalement un voyage intérieur, un cheminement, un travail de connaissance et d'acceptation de soi. C'est écouter ses besoins, respecter ses limites, avoir de la bienveillance envers soi-même et la capacité à se pardonner. Il devient alors une force incroyable qui nous permet de faire face aux défis de la vie avec courage et résilience. C'est la base de notre équilibre et de notre épanouissement.

Apprendre à s'aimer quand on ne sait pas comment faire

Mais comment fait-on, concrètement, pour s'aimer quand on n'en a jamais eu l'exemple ? Quand on n'a jamais appris ?

C'est souvent un point de départ fragile, un terrain inconnu. On sait que quelque chose ne va pas, qu'on est trop dure avec soi, qu'on s'oublie. Mais on ne sait pas par où commencer.

C'est ce que j'ai vécu moi aussi. Longtemps, je ne me suis même pas posé la question de savoir si je m'aimais. Ce n'était pas dans mes habitudes. Alors j'ai commencé doucement, par m'observer. Par écouter la manière dont je me parlais intérieurement. Et là, j'ai réalisé à quel point ce dialogue était dur, critique, exigeant.

Petit à petit, j'ai appris à remplacer ces jugements par plus de douceur. À me dire : « Tu fais de ton mieux. Tu es fatiguée, mais tu tiens bon. Tu n'as pas à tout réussir pour mériter du repos. »

J'ai aussi appris à prendre soin de mon corps, pour le remercier d'être là, malgré tout. Je me suis mise beaucoup plus à son écoute, à ressentir la fatigue et à réparer mon sommeil. Être vigilante à mon alimentation et rechercher un meilleur équilibre dans mon assiette. Je dansais seule dans mon salon avec ma fille, ce petit rayon de soleil qui me rappelait chaque jour combien la vie m'avait offert un cadeau inestimable. À travers elle, je voyais la justesse et la beauté du chemin parcouru, malgré les épreuves. Elle incarnait la générosité de l'existence, la preuve tangible que, même dans la tempête, la vie savait offrir des éclats de lumière.

S'aimer ne doit pas être qu'une idée abstraite. C'est une pratique quotidienne, ancrée dans des gestes simples, concrets. C'est dans le réel, dans le corps, dans nos routines, que l'amour de soi commence à se traduire.

C'est pourquoi, dans les pages suivantes, je vous propose trois gestes d'amour essentiels. Trois portes d'entrée vers une relation plus douce, plus vivante avec vous-même. Et la première, peut-être la plus immédiate, c'est de **reprendre contact avec votre corps**.

1. Reprendre contact avec son corps

Lorsque l'on parle d'amour de soi, on pense souvent au mental, aux pensées, à l'estime de soi. Pourtant, notre première maison, celle qui nous accompagne chaque jour, c'est notre corps. C'est par lui que nous ressentons, que nous portons, que nous donnons la vie. Et pourtant, c'est souvent lui que nous délaissons en premier.

Votre corps, après avoir porté et donné la vie, est un témoignage de force et de résilience.

Il a peut-être changé, il porte peut-être les marques de cette incroyable aventure, mais il est surtout le reflet de votre courage. Dans la spirale du quotidien, entre les nuits courtes et les journées chargées, il est facile de perdre de vue cette vérité. Il est important de considérer votre corps comme un allié. Il vous permet de câliner vos enfants, de les voir grandir, de partager des moments précieux. Accordez-lui la bienveillance qu'il mérite. Inutile de chercher à retrouver le corps d'avant ; célébrez plutôt celui d'aujourd'hui, avec ses forces et ses particularités. Chaque cicatrice, chaque rondeur, raconte une histoire. La vôtre. Apprenez à voir dans vos vergetures, vos kilos en trop ou encore vos cernes, de l'amour.

Les bouleversements du quotidien qui accompagnent la maternité — manque de sommeil, fatigue chronique, charge mentale — ont souvent un impact plus important sur le corps que la grossesse en elle-même. Ils peuvent favoriser une prise de poids progressive, non pas par excès, mais par épuisement. Par manque de temps, d'organisation ou de motivation, les repas déséquilibrés et les grignotages peuvent se multiplier.

Pour prendre soin de son corps, au-delà d'accepter ses rondeurs, c'est autour du sommeil et de l'équilibre alimentaire que les efforts doivent avant tout se concentrer. Bien dormir et bien manger, ce sont les deux premières clés pour apprendre à gérer son stress.

Voici quelques conseils pratiques pour prendre soin de votre corps et l'honorer au quotidien. Peut-être vous reconnaîtrez-vous dans certaines de ces suggestions, ou peut-être aurez-vous envie d'en explorer d'autres à votre rythme.

Sommeil

- Éteignez les écrans 30 minutes avant le coucher.
- Créez un rituel calme : lecture, infusion.
- Maintenez une heure de coucher régulière.
- Aménagez une chambre confortable : fraîche, calme, sombre.
- Faites des microsiestes réparatrices : 10 à 20 minutes dès que possible.
- Notez vos pensées/tâches pour alléger votre mental avant de dormir.

Alimentation

- Prenez trois repas par jour + 1 ou 2 collations.
- Prévoyez des en-cas sains à portée de main (fruits, noix, yaourt).
- Favorisez les aliments énergétiques : céréales complètes, protéines, bonnes graisses.
- Réduisez la caféine et le sucre en fin de journée.
- Buvez de l'eau régulièrement : eau, infusions, eau citronnée.
- Cuisinez à l'avance : batch cooking, légumes découpés d'avance.
- Optez pour des plats simples et variés, riches en couleurs.

Les pratiques douces : méditation, relaxation

Les méditations guidées ont été un outil précieux pour retrouver un sommeil de qualité. Elles permettent de se reconnecter à son corps en portant son attention sur l'instant présent. On y apprend à observer ses sensations corporelles — température, respiration, tensions — et à calmer le mental. Cela favorise la détente, réduit le stress et améliore le confort physique.

De nombreuses chaînes YouTube proposent des méditations adaptées à vos besoins : sommeil, stress, reconnexion à l'enfant intérieur…

Les pratiques d'expression corporelle : mouvement, danse

Lorsque le sommeil est suffisamment récupéré, certaines, comme moi, vont pouvoir retrouver le chemin de la danse. La danse est une voie royale pour se reconnecter à son corps et retrouver confiance en soi. Pour moi, elle n'est pas qu'une série de mouvements. Quand je danse, je me sens pleinement présente. Chaque geste est une manière de retrouver l'harmonie avec mon corps. La musique m'invite à lâcher prise. C'est un espace de liberté, de vitalité. Un refuge.

Et cette reconnexion au corps ouvre naturellement la voie à une écoute plus fine de ses besoins.

2. Apprendre à s'écouter et poser des limites

Pour une mère épuisée, apprendre à s'écouter peut devenir une nécessité vitale, un point d'appui pour commencer à se reconstruire. C'est reconnaître ses limites, ses besoins, ses envies. C'est oser dire « non » au dîner improvisé chez des amis, quand tout ce dont vous rêvez, c'est d'un bain chaud et d'un lit. C'est arrêter de culpabiliser de ne pas être la « super maman » qui prépare des repas faits maison tous les soirs, et commander une pizza sans remords.

Chaque matin, prenez un instant pour vous demander : « De quoi ai-je vraiment besoin aujourd'hui ? » Peut-être est-ce une heure de sieste pendant que les enfants regardent un dessin animé, ou une promenade de dix minutes dans le quartier, seule, pour respirer. Ces petits instants sont précieux : ils nourrissent votre équilibre.

S'accorder des pauses est une véritable nécessité. C'est laisser les enfants jouer seuls pendant que vous lisez un chapitre de votre livre préféré (le mien par exemple), ou prendre un café en silence, sans vous justifier. Votre bien-être est aussi important que celui de vos enfants.

Commencez à poser des limites claires et cohérentes, même dans les gestes simples du quotidien. Établissez quelques règles de base faciles à comprendre : « On parle sans crier à table », « On reste calme dans la voiture », « On range ses jouets avant de passer à autre chose », « On demande poliment ». Ces limites sont un cadre rassurant pour les enfants — et un vrai soulagement pour vous.

Poser des limites, c'est un acte d'amour. Cela permet à vos enfants de se sentir en sécurité et de grandir de manière équilibrée. Cela vous permet aussi, à vous, de préserver votre énergie et de vous respecter davantage. Nous reviendrons plus tard sur la communication avec les enfants, notamment dans le chapitre 11, où ce point sera développé en détail. Mais rappelez-vous ceci : s'écouter, c'est aussi leur offrir un modèle de respect de soi.

3. Se donner la permission d'être heureuse

L'amour de soi, c'est aussi faire des choses pour soi, sans chercher à les rentabiliser, sans objectif de performance. Juste pour le plaisir. Juste parce que cela vous fait du bien.

Un jour, j'ai ressorti un carnet et quelques crayons abandonnés depuis des années. J'ai découvert le Bullet Journal — un outil à la fois pratique et créatif pour organiser sa vie. Ce n'était pas pour faire joli ni pour produire quelque chose à montrer. C'était simplement un espace à moi, un moment pour poser mes idées, dessiner, gribouiller, tracer des lettres colorées sans me juger.

Je n'avais aucune idée précise, aucune intention de faire quelque chose de beau ou de parfait. Pour la première fois depuis longtemps, j'ai simplement dessiné pour le plaisir de créer, pour le simple bonheur de laisser mes mains traduire librement ce que je ressentais. C'était comme retrouver une partie de moi-même oubliée depuis l'enfance, une partie qui existait sans pression ni attente. C'est vraiment à ce moment-là, à travers cette activité, que j'ai pleinement saisi et intégré l'acceptation du « parfaitement imparfait ». Pour la perfectionniste que je suis, c'était un grand pas en avant. Cette capacité s'est subtilement invitée dans tous les domaines de ma vie en me faisant gagner du temps, de l'énergie et de la satisfaction !

En dessinant, je voyais mes traits maladroits se transformer en quelque chose de vivant, de spontané, d'authentique. Et finalement ce qui comptait, c'était le fait même d'exister à travers cet acte créatif. Et surtout, j'ai appris à aimer cette imperfection et toute la satisfaction des créations réalisées. Paradoxalement, plus je lâchais le besoin de bien faire, plus je prenais plaisir à créer... et plus j'avançais.

Ce geste si simple m'a appris une chose fondamentale : l'amour de soi, ce n'est pas se regarder avec fierté uniquement quand tout va bien. C'est aussi se donner la permission de faire ce qui nous nourrit, même si cela ne « sert à rien ». Faire quelque chose juste pour soi, juste parce que ça allège, ça réjouit, ça reconnecte.

L'amour de soi, c'est ça. Des gestes minuscules, répétés jour après jour. Préparer une tasse de thé avec soin, juste pour soi. Marcher dans la nature sans culpabiliser. S'offrir le droit de créer, sans attendre que ce soit beau ou utile. Dire non. Dire stop. Se choisir, même quand personne ne regarde.

Quand une mère s'aime, tout change

Je me souviens de ce jour particulier du confinement, assise sur le bord du lit en train de plier du linge. Je sentais la fatigue peser sur mes épaules, l'esprit préoccupé par tout ce qui restait encore à faire. Soudain, j'ai entendu des petits pas mal assurés derrière moi, puis deux petites mains douces m'ont attrapée par le cou pour me faire basculer en arrière. Surprise, je me suis retrouvée allongée sans comprendre ce qu'il se passait. Et avant même d'avoir pu me relever, dans un grand éclat de rire, un petit postérieur de bébé, gonflé par une grosse couche, a atterri directement sur mon visage.

J'ai d'abord résisté, sentant monter en moi une vague de stress face à la pile de linge que j'imaginais déjà s'écrouler et au temps qui filait. Mais plus je résistais, plus les éclats de rire de mon enfant s'intensifiaient. Alors j'ai juste lâché prise. J'ai attrapé mon portable pour immortaliser ce moment drôle, sans même pouvoir voir ce que je filmais puisque cette petite couche occupait tout mon champ de vision.

Et à mesure que je l'entendais rire, d'un rire cristallin et joyeux, ce rire de bébé qui ressemble à une mélodie d'ange, je me suis mise à rire à mon tour. À cet instant précis, j'ai ressenti toute la légèreté d'un lâcher-prise total. Je réalisais combien il était absurde d'accorder plus d'importance à une machine à étendre, à une vaisselle à finir ou à un rangement à effectuer, qu'à ce précieux moment partagé avec mon enfant.

Oui, quelque chose avait définitivement changé dans l'air.

Quand une mère s'aime, tout change. Les enfants ressentent immédiatement cette paix intérieure et se sentent en sécurité, libres d'être eux-mêmes, sans crainte de devoir être parfaits. Lorsque nous nous respectons et exprimons clairement nos besoins, notre entourage commence aussi à nous respecter différemment. En posant des limites saines, on offre aux autres une version plus authentique et plus apaisée de soi-même. Quand vous prenez soin de vous, vous libérez la culpabilité… et vous transmettez à vos enfants une vérité précieuse : eux aussi ont le droit de se respecter, sans avoir à le mériter.

En réalité, s'aimer soi-même, c'est offrir à nos enfants le plus précieux des modèles : celui d'un amour inconditionnel, qui ne dépend ni de la perfection ni des attentes des autres.

Je crois que le plus beau cadeau qu'on puisse offrir à ses enfants, c'est de leur montrer ce que ça veut dire s'aimer soi-même. Leur apprendre que l'amour n'est pas une récompense pour avoir été sage ou parfait. Que chacun mérite d'être traité avec douceur, même dans ses jours sombres.

Aujourd'hui, je sais que l'amour de soi n'est pas un état qu'on atteint une fois pour toutes. C'est une pratique. Un chemin. Une manière de se tenir la main, encore et encore.

Je croyais que m'aimer, c'était une sensation qu'on ressentait. J'ai compris que c'était surtout une manière d'agir. Une décision quotidienne, fragile, mais puissante, de se traiter avec douceur.

Et si, juste pour aujourd'hui, vous vous arrêtiez un instant… pour choisir un geste, un moment, une attention rien que pour vous ? Pas pour être utile. Pas pour bien faire. Mais simplement parce que vous êtes vivante, et que cela mérite d'être honoré.

L'amour de soi comme chemin

L'amour de soi n'est pas un objectif à atteindre ni une compétence que l'on maîtrise une fois pour toutes. C'est un retour vers soi. Un engagement que l'on prend chaque jour, même quand on est fatiguée, même quand on doute, même quand tout semble flou.

Dans le tumulte du quotidien, l'épuisement n'est pas seulement physique. Il vient de ces mille choses à faire, à penser, à gérer, qui nous dispersent et nous éloignent de nous-mêmes. On s'oublie dans le service rendu, dans la charge mentale, dans les rôles qu'on croit devoir jouer.

Aimer, alors, c'est commencer par se recentrer, avec bienveillance. C'est se demander : qu'est-ce qui me fait du bien ? Qu'est-ce qui me convient encore ? Qu'est-ce que j'ai besoin de laisser derrière moi ?

Ce chemin vers soi, c'est une manière de s'élever au-dessus du bruit, de créer un espace en soi où tout peut se déposer. C'est construire un point d'ancrage solide. Une présence intérieure, calme et paisible, depuis laquelle il devient possible de traverser la vie sans vaciller.

Ce n'est pas fuir la réalité. C'est apprendre à la vivre autrement. En revenant à l'intérieur de soi pour accueillir, revisiter, transformer ce qui demande à évoluer.

Ce que ce chemin change

Peu à peu, quelque chose en vous se stabilise. Moins de culpabilité, plus de clarté. Moins d'urgence, plus de présence. L'amour de soi devient une base. Il ne vous protège pas de tout, mais il vous permet de ne plus vous perdre dans tout.

Et à mesure que vous vous retrouvez, les autres aussi vous retrouvent — plus vraie, plus sereine, plus enracinée.

Transmettre sans discours

Vos enfants ne retiendront pas vos mots. Mais ils sentiront votre posture. Votre façon de vous respecter, de poser vos limites, de prendre soin de vous. C'est ce modèle-là qu'ils garderont en mémoire : celui d'un amour qui ne dépend ni de la perfection ni du sacrifice.

Ce chapitre se referme, mais votre chemin, lui, commence ici.

Ne cherchez pas à tout changer. Commencez par un seul geste, un mot doux, un temps pour vous. Et revenez-y demain. Et le jour d'après.

Témoignages

> « J'ai longtemps pensé que m'aimer, c'était être égoïste. Puis j'ai pris une heure par semaine pour moi. Rien qu'une heure. Et tout a changé. Je suis revenue différente. Plus calme. Plus présente. J'ai compris que je comptais aussi. »
>
> Sarah, 38 ans

> « Après mon divorce, j'ai commencé à me parler avec plus de douceur. Aujourd'hui, ma fille me voit rire et danser. Et je sais qu'elle apprend à s'aimer en me regardant le faire. »
>
> Amina, 42 ans

> « J'ai cessé de courir après la perfection. Un soir, j'ai commandé des pizzas et je me suis allongée avec mes enfants. Ce moment-là m'a fait pleurer de soulagement. Je me suis autorisée à être juste humaine. »
>
> Léa, 34 ans

Voici **10 idées simples pour commencer à s'aimer**, des petits gestes du quotidien qui peuvent transformer en douceur la relation à soi-même :

1. **Se parler avec bienveillance :** remplacer les jugements intérieurs par des mots doux : « *Je fais de mon mieux, et c'est déjà beaucoup.* »

2. **S'accorder du repos sans culpabiliser :** accepter de s'arrêter, de souffler, sans se sentir inutile ou paresseuse.

3. **Se regarder avec douceur :** plutôt que de traquer ses défauts dans le miroir, prendre un instant pour se sourire, s'accueillir telle qu'on est.

4. **Dire non quand c'est nécessaire :** ne plus accepter par peur de décevoir, mais choisir en conscience ce qui est bon pour soi.

5. **Créer un rituel quotidien rien que pour soi :** une tasse de thé savourée en silence, une marche seule, un moment d'écriture... un instant où l'on existe pour soi-même.

6. **S'autoriser à ressentir et exprimer ses émotions :** ne plus minimiser sa douleur ou masquer ses joies, accueillir ce qui vient, sans se juger.

7. **Prendre soin de son corps avec amour :** se masser, bouger pour le plaisir, s'offrir une douche chaude en conscience... des gestes simples pour remercier son corps.

8. **Faire une chose juste pour le plaisir :** dessiner, chanter, danser, cuisiner... sans attente de perfection, juste pour le bonheur d'exister.

9. **Célébrer ses petites victoires :** remarquer ce que l'on accomplit chaque jour, même si c'est minime : « *Aujourd'hui, j'ai pris le temps de respirer. Aujourd'hui, j'ai pris soin de moi.* »

10. **Se rappeler chaque jour qu'on mérite l'amour :** se répéter une phrase comme un mantra : *« Je mérite de l'amour, de la douceur et du respect — à commencer par le mien. »*

Ces petits gestes peuvent sembler insignifiants, mais pratiqués jour après jour, ils changent profondément la manière dont on se perçoit.

À retenir : ce que change l'amour de soi au quotidien

- L'amour de soi n'est pas égoïste, ni une récompense : c'est une base. Une nécessité pour se sentir digne, solide, vivante.
- Quand il manque, on tolère trop, on s'efface, on se perd. On confond dévotion et disparition.
- Aimer ses enfants ne peut réparer le vide de l'amour qu'on ne se donne pas. On ne transmet pas ce qu'on ne s'accorde pas.
- Apprendre à s'aimer, c'est réapprendre à se parler avec douceur, à écouter ses besoins, à poser ses limites, à se choisir sans se justifier.
- Ce n'est pas de l'égoïsme, c'est un acte de soin. Une mère qui s'aime est plus stable, plus présente, plus vraie. Et elle offre à ses enfants un modèle de respect et de paix intérieure.

La bonne nouvelle : l'amour de soi s'apprend. Pas à pas. Par des gestes simples, quotidiens, imparfaits. Une tasse de thé, une limite posée, un moment de créativité libre... Et surtout, la permission d'exister pleinement — rien que pour soi.

Chapitre 6 : Désencombrer, faire le vide pour faire le plein

Pourquoi désencombrer est essentiel ?

Nous connaissons toutes ces jours où tout semble trop. Trop d'objets qui s'accumulent sur la table du salon, trop de jouets éparpillés dans la chambre, trop de vêtements qui s'entassent dans une armoire qu'on peine à fermer. Trop de listes dans la tête, trop d'attentes, trop de responsabilités qui s'ajoutent aux mille pensées qui ne nous laissent aucun répit... Comme si, à force d'accumuler, on s'était enfermées dans un espace où l'air ne circule plus.

Et puis un jour, on étouffe.

On rêve de respirer à nouveau, de poser ce sac à dos invisible, mais terriblement lourd qu'on porte depuis trop longtemps. On aimerait que tout soit plus simple, plus léger. Mais par où commencer ? Comment trouver le courage face à ce qui paraît parfois insurmontable ?

C'est dans la tourmente de ma séparation que j'ai fait cette découverte, presque par hasard. Il fallait faire les cartons, trier des années de vie commune, décider de ce que j'emportais avec moi et de ce que je laissais derrière. Un moment douloureux, une transition brutale, un vertige immense devant ce qui se jouait.

Et puis, au milieu de ce chaos, les ouvrages de **Marie Kondo** (« La magie du rangement »**,** « Ranger : l'étincelle du bonheur »), la reine du rangement, sont arrivés entre mes mains. J'ai commencé à appliquer ses principes, à prendre chaque objet entre mes doigts en me demandant s'il avait encore une place dans ma vie. Et quelque chose d'étrange s'est produit : plus je me séparais de ce qui ne m'était plus utile, plus je me sentais légère. Comme si, en triant mes affaires, c'était mon cœur et mon esprit que je désencombrais aussi.

Ce qui ressemblait à une simple nécessité — faire mes cartons — s'est transformé en un processus profond et symbolique. Au fil des jours, j'ai eu cette sensation troublante de rassembler les pièces d'un puzzle. Un puzzle dont je faisais partie, mais qui s'était éparpillé dans la douleur de cette épreuve.

Désencombrer, ce n'est pas juste ranger ou vider sa maison. Ce n'est pas non plus renoncer. C'est créer de l'espace. Pour respirer. Pour accueillir ce qui compte vraiment. Pour retrouver cette sensation oubliée d'avoir du temps, de la clarté, du silence. **Faire le vide, c'est ouvrir une porte. Une porte vers soi.**

Dans ce chapitre, je voudrais vous emmener sur ce chemin, pas à pas. Nous allons voir ensemble comment alléger votre espace, mais aussi votre mental et votre cœur. Parce que le vide n'est pas un manque, il est un terrain fertile. Un endroit où la lumière peut enfin entrer.

Désencombrer son espace : alléger son environnement pour alléger son esprit

Notre espace de vie est un miroir de notre état intérieur. Une maison encombrée, remplie d'objets inutiles, de piles de papiers jamais triés et de vêtements qui s'accumulent dans les placards, crée une charge invisible qui pèse sur notre esprit. Ce n'est pas qu'une question d'esthétique ou d'organisation, c'est une question de bien-être. Alors, pourquoi ne pas commencer aujourd'hui, tout simplement, par un coin de table, un tiroir, une étagère ? Juste un espace, pour instaurer un nouveau souffle.

L'impact du désordre sur le mental et l'énergie

Des recherches scientifiques viennent confirmer ce que beaucoup de mères ressentent instinctivement : le désordre à la maison n'est pas neutre, il agit directement sur notre niveau de stress et d'énergie.

Une étude menée à l'Université de Californie à Los Angeles par **Darby Saxbe et Rena Repetti** (2010) a mis en lumière ce lien. En observant le quotidien de 60 familles, les chercheurs ont noté que **les femmes qui décrivaient leur maison comme encombrée présentaient des niveaux de cortisol plus élevés**, tout au long de la journée. Le cortisol, c'est l'hormone du stress. Autrement dit, un environnement désordonné maintient notre corps en alerte, dans un état de tension chronique, même lorsque rien d'urgent ne se passe.

Une autre étude fascinante, menée par **Stephanie McMains et Sabine Kastner** à l'Université de Princeton (2011), a montré que **le désordre visuel surcharge notre cerveau**. Lorsqu'un espace est encombré, chaque objet dans notre champ de vision est perçu comme une information à traiter. Résultat : notre capacité de concentration diminue, notre fatigue mentale augmente.

Ces découvertes ne font que confirmer une réalité que j'ai vécue moi-même et que beaucoup de femmes ressentent : **plus notre environnement est saturé, plus notre esprit l'est aussi**. Et dans une vie déjà rythmée par les responsabilités, les imprévus et les émotions, cet encombrement invisible peut devenir un facteur d'épuisement majeur.

En d'autres termes, le désordre n'est pas juste un problème matériel : il influence directement notre bien-être psychologique.

Le lien entre maison encombrée et charge mentale

Pour une mère épuisée, la charge mentale est déjà un poids quotidien. Se souvenir de tout, penser aux courses, aux rendez-vous médicaux, aux affaires des enfants… Et si, en plus de cela, chaque pièce de la maison nous renvoyait un message silencieux, mais oppressant : « *Il faudrait ranger ça…* », « *Il faut trier ces papiers…* », « *Je ne sais même plus ce qu'il y a dans ce placard…* » ?

Chaque objet en trop est une décision en suspens, une tâche en attente. Et lorsqu'on est déjà épuisée, ces petites décisions deviennent une montagne insurmontable.

C'est pourquoi désencombrer son intérieur, ce n'est pas juste libérer de l'espace physique, c'est aussi alléger son mental. C'est offrir à notre cerveau un peu de répit, de clarté. C'est transformer notre maison en un lieu où l'on respire, où l'on se sent bien, plutôt qu'un endroit qui nous rappelle constamment tout ce qu'il y a à faire.

Témoignage

J'ai rencontré **Laura**, une maman de deux enfants qui se sentait totalement débordée. Son appartement était rempli de jouets, de vêtements trop petits jamais triés, de souvenirs qu'elle n'arrivait pas à jeter. Elle se sentait enfermée dans un quotidien où elle manquait de temps et d'énergie pour elle-même.

Un jour, elle a décidé de commencer un grand tri, inspirée par l'idée qu'un espace plus léger pouvait lui apporter plus de sérénité. Elle a commencé par la chambre de ses enfants, en se demandant : « *Ont-ils vraiment besoin de tout ça ?* » Elle a donné, jeté, organisé. Puis elle s'est attaquée à son propre dressing, réalisant qu'elle gardait des vêtements qui ne lui correspondaient plus, des pièces liées à une autre version d'elle-même.

Au fil du désencombrement, elle a ressenti un changement profond : **moins d'irritabilité, plus de clarté, un regain d'énergie.** Elle m'a confié que pour la première fois depuis longtemps, elle avait l'impression de respirer dans son propre espace. Et avec cette légèreté retrouvée, elle a remarqué qu'elle se sentait plus disponible pour ses enfants, plus présente dans ses moments de repos.

Conseils pratiques pour désencombrer sans se sentir débordée

L'idée de faire le tri peut sembler décourageante, surtout quand on manque déjà de temps. Voici quelques étapes simples et efficaces pour alléger son espace progressivement, sans pression :

1. Commencer petit

Plutôt que de vouloir tout ranger en une journée (ce qui est souvent impossible), il est préférable de commencer par un petit espace : un tiroir, une étagère, un coin précis de la maison. Cela permet de ressentir rapidement une satisfaction et de se motiver pour la suite.

2. Se poser la bonne question : « Est-ce que cet objet me sert ou m'apporte de la joie ? »

Inspirée par la méthode Marie Kondo, cette question aide à prendre du recul. Si un objet ne remplit plus une fonction ou ne procure plus de bonheur, pourquoi le garder ? Se délester de ce qui n'a plus sa place dans notre vie, c'est aussi se libérer mentalement.

3. Ritualiser le désencombrement

Plutôt que d'attendre d'être submergée, instaurer un rituel peut aider à maintenir un espace plus fluide :

- Faire un grand tri à chaque changement de saison.
- Mettre en place une règle simple : un nouvel objet entre, un ancien sort.
- Prendre 10 minutes par jour pour ranger un petit espace et éviter l'accumulation.

Désencombrer, ce n'est pas une tâche à cocher sur une liste, c'est un état d'esprit. C'est une façon de se reconnecter à ce qui est essentiel, de retrouver de l'espace en soi en faisant du vide autour de soi.

Désencombrer ses émotions : faire de la place pour se reconnecter à soi

Il y a ce que l'on voit et ce que l'on cache. Ce qui s'entasse dans notre maison et ce qui s'accumule en nous, bien à l'abri dans notre jardin secret.

Les émotions refoulées sont comme ces tiroirs que l'on ne veut pas ouvrir, de peur d'y trouver un chaos ingérable. On préfère empiler, repousser, fermer les yeux. Mais tout ce qui n'est pas exprimé reste quelque part en nous. Comme un poids invisible qui nous épuise, nous alourdit, nous empêche d'avancer librement.

L'accumulation des émotions refoulées et leur impact sur le bien-être

Nous avons appris, souvent sans même en avoir conscience, à taire ce qui nous traverse. À ravaler nos larmes quand il faudrait pleurer, à masquer notre colère derrière des sourires forcés, à nous dire que « ça va passer » sans jamais prendre le temps d'accueillir ce qui est là. Ce conditionnement est souvent le fruit de notre éducation :

on nous a appris que montrer ses émotions était un signe de faiblesse, que se contenir faisait partie de la bienséance, que la colère ou la tristesse devaient être gardées pour soi. En particulier pour les femmes, il est fréquent d'avoir entendu, dès l'enfance, des phrases comme « sois sage », « ne fais pas d'histoires », « sois forte ». Peu à peu, cela forge l'idée que nos émotions sont inappropriées, qu'il faut les enfouir plutôt que les vivre. Ce réflexe devient automatique. On s'adapte, on ravale, on avance, mais on s'éloigne de soi.

Quand je me suis retrouvée seule, j'ai dû regarder mes colères, mes peines. J'ai écrit, pleuré, dansé. C'est ce processus qui m'a rendue à moi.

Parce que ces émotions refoulées ne disparaissent pas. Elles s'impriment dans le corps, se manifestent à travers des tensions, de la fatigue inexpliquée, des insomnies, voire des douleurs chroniques. Elles influencent aussi nos réactions : l'impatience soudaine face à un enfant qui pleure, cette colère qui surgit sans prévenir, ce chagrin qui refait surface au détour d'un souvenir anodin.

La psychologie montre que **les émotions refoulées ou celles qu'on ne parvient pas à exprimer peuvent entraîner un stress chronique**, et augmenter les risques d'anxiété et de dépression. Il devient donc vital quand émotionnellement c'est trop difficile, d'avoir le courage d'écouter nos émotions pour retrouver un équilibre intérieur.

<u>La peur du vide émotionnel : pourquoi on s'accroche à certaines douleurs ?</u>

On pourrait se dire qu'il suffit d'accueillir ses émotions pour qu'elles s'évanouissent. Mais ce n'est pas si simple. Parfois, ce qui nous fait souffrir est aussi ce qui nous définit.

Certaines douleurs deviennent des repères, des attaches, même inconfortables. Elles nous rappellent qui nous avons été, ce que nous avons traversé. Parfois, lâcher une émotion, c'est comme lâcher une partie de soi. Et ça fait peur.

Il m'a fallu du temps pour comprendre que **le vide n'est pas une absence, mais un espace**. Un espace où autre chose peut naître. Mais pour cela, il faut d'abord accepter de laisser partir ce qui nous retient.

Quand je suis sortie de ma séparation, je me suis retrouvée face à moi-même, pour la première fois depuis longtemps. Plus de quotidien à gérer à deux, plus de dialogue faussement apaisant, plus d'efforts pour sauver ce qui ne pouvait plus l'être. Il ne restait que moi, et un vide immense.

J'avais deux choix : fuir ce vide en remplissant ma vie de distractions, ou oser y plonger.

Alors, petit à petit, j'ai accepté de regarder ce que je ressentais vraiment. La tristesse, la colère, la culpabilité. Et j'avais surtout besoin de comprendre : ma part de responsabilité, pourquoi avoir accepté ? Pourquoi avoir refusé de voir ? Pourquoi cette souffrance ? J'ai écrit, beaucoup. J'ai pleuré, souvent. J'ai dansé, comme un exutoire, un moyen d'expulser tout ce qui s'était figé en moi. J'avais conscience qu'il devenait nécessaire de dissoudre mes colères, les malentendus, toutes ces pollutions qui m'empêchaient d'y voir clair. De pouvoir à nouveau gérer mes pensées et ne plus me laisser gérer par elles.

Et au fil des jours, j'ai senti que quelque chose bougeait. Ce vide qui me terrifiait devenait un espace de reconstruction. Comme si, en laissant mes émotions s'exprimer, je me retrouvais, morceau par morceau.

Désencombrer ses émotions, c'est cela : **faire de la place pour que la lumière revienne.**

Outils pour faire de la place aux émotions

Si l'on ne nous a pas enseigné à gérer nos émotions, nous pouvons l'apprendre. Voici quelques outils qui m'ont aidée à accueillir ce qui était là, sans peur ni jugement.

Accueillir sans juger : l'écriture comme exutoire

Tenir un **journal intime** sans filtre, écrire tout ce qui vient, même si ça n'a pas de sens.

Essayer **l'écriture thérapeutique** : se poser des questions puissantes (*Qu'est-ce que je ressens vraiment ? De quoi ai-je besoin ?*) et écrire tout ce qui vient.

Consulter un thérapeute quand c'est trop confus et se faire aider pour démêler et comprendre nos émotions.

Le corps comme moyen d'expression : bouger pour libérer

La **danse, la marche, les randonnées**, tout ce qui peut permettre de se mettre en mouvement et trouver des parenthèses d'apaisement.

Le **sport**, un défouloir physique pour relâcher les tensions émotionnelles accumulées.

La **respiration profonde**, comme la cohérence cardiaque, pour calmer le flot des émotions trop intenses.

Se créer un espace de douceur et de ressourcement

Un **coin à soi**, un endroit qui apaise (un fauteuil avec un plaid, une bougie, une lumière douce).

Un **rituel personnel**, comme un bain aux huiles essentielles, une méditation guidée, une tisane avec un carnet.

Des moments de **silence** pour écouter ce qui se passe à l'intérieur.

Désencombrer ses émotions, c'est un voyage vers soi. Cela demande du courage, mais c'est la seule façon de faire de la place pour **retrouver qui l'on est vraiment**.

Faire le vide pour faire le plein : ce qui naît après le désencombrement

La nature nous offre un merveilleux parallèle avec notre propre cheminement intérieur. Après le froid et l'immobilité de l'hiver vient toujours la douceur du printemps. Les arbres nus se couvrent à nouveau de feuilles, les fleurs émergent timidement, puis éclatent en couleurs éclatantes. C'est ce même processus qui opère pour nos vies émotionnelles : après avoir fait de la place en laissant partir ce qui ne nous sert plus, nous permettons à de nouvelles énergies, à de nouvelles opportunités de fleurir en nous et autour de nous.

Personnellement, après avoir traversé cette phase d'effondrement, j'ai senti qu'un espace s'était libéré en moi. Ce vide, d'abord douloureux, s'est progressivement rempli d'une sensation d'apaisement profond et d'une joie subtile, presque oubliée. J'ai pu me reconnecter à mes désirs, mes rêves et surtout à une créativité jusque-là étouffée. De nouvelles opportunités professionnelles et personnelles ont émergé, accompagnées par une énergie renouvelée et authentique. Pour la petite anecdote, un de mes premiers dessins me revient à l'esprit : des fleurs accompagnées d'un mantra destiné à m'accompagner tout au long de l'année ; « Rêver en grand ».

Et vous, oserez-vous rêver en grand ?

Avancer plus léger, un pas après l'autre

Désencombrer son espace, désencombrer ses émotions, c'est avant tout s'offrir le cadeau précieux de la reconnexion à soi. Ce voyage intérieur peut être inconfortable, mais il est surtout libérateur et profondément transformateur. En faisant du vide, en accueillant chaque émotion avec douceur, vous faites grandir en vous l'amour et l'acceptation dont vous avez besoin pour avancer sereinement sur le chemin du bonheur. Pour les mères en particulier, ce travail émotionnel est essentiel pour sortir du cercle vicieux de l'épuisement maternel. Rappelez-vous toujours que chaque pas vers vous-même est un pas vers une vie plus authentique, plus joyeuse et plus épanouie, pour vous et pour votre famille.

L'épuisement maternel ne vient pas seulement du manque de sommeil ou de temps pour soi : il naît souvent d'un trop-plein. Trop de choses à gérer, à porter, à contenir. Trop peu d'espace pour respirer, se retrouver, se sentir exister autrement que dans le don permanent.

Faire le vide, c'est créer un sas. Un souffle. Un endroit en soi où l'on peut enfin déposer ce qui pèse. C'est là que peut commencer la réparation. C'est là que la fatigue chronique peut commencer à se transformer en énergie retrouvée, et que la sensation d'être submergée laisse place à un sentiment d'ancrage.

Chaque geste de tri est un acte d'amour envers soi. Chaque objet rendu, chaque émotion libérée, est une place rendue à ce qui compte vraiment. C'est un chemin vers plus de paix, de clarté, d'alignement.

Exercice de reconnexion à soi par le tri :

- Listez ce que vous souhaitez laisser partir : objets, souvenirs, habitudes, croyances, relations, obligations non choisies. Tout ce qui pèse, tout ce qui ne vous ressemble plus.
- Fermez les yeux quelques instants et imaginez que vous déposez tout cela, un à un, dans un grand panier que vous laissez s'envoler au vent. Voyez ce panier s'éloigner doucement, léger, sans que vous ayez besoin de le retenir.
- Puis, imaginez maintenant l'espace que cela libère en vous. Une pièce blanche, lumineuse, silencieuse. Que voudriez-vous y accueillir ? Quelles énergies, quels désirs, quels projets, quelles sensations ? Voyez-les apparaître comme des graines que vous déposez dans ce sol fertile.
- Visualisez ce jardin intérieur. Que voyez-vous pousser ? Qu'est-ce que cela vous inspire ? Laissez ces images s'épanouir librement.
- Respirez profondément. Accueillez. Sentez comme vous venez de créer en vous un lieu de renouveau, un espace pour renaître à vous-même.

À retenir : ce que permet le désencombrement

- Alléger son espace, c'est souvent alléger sa tête. Quand l'environnement s'apaise, l'esprit suit.
- Trier, ranger, jeter, c'est reprendre du pouvoir sur son quotidien. C'est créer un espace où l'on respire mieux, où l'on pense plus clair.
- Faire le vide, c'est aussi accueillir ses émotions. Car sous l'encombrement matériel, il y a souvent des couches de fatigue, de culpabilité, de surcharge intérieure.
- On croit avoir besoin de remplir, mais c'est souvent l'espace vide qui permet de se retrouver.

Le vide n'est pas un manque. C'est un terrain fertile. Un espace pour accueillir ce qui compte vraiment.

Chapitre 7 : To-do list, votre alliée pour une sérénité retrouvée

Désencombrer son mental : se libérer de la charge mentale et des pensées parasites

La sensation d'avoir constamment mille choses à penser, à prévoir, à anticiper, j'imagine que ça vous parle ! C'est un poids invisible de préoccupations qui s'accumulent sans fin : rendez-vous médicaux, courses, tâches ménagères, obligations professionnelles, devoirs scolaires des enfants, gestion des imprévus, etc. Chacune de ces pensées peut sembler anodine, mais le flot incessant de pensées sollicite constamment notre cerveau et ne lui laisse que peu de répit. C'est ce qu'on appelle la **charge mentale**.

Résultat ? Une fatigue chronique, une baisse de concentration, une irritabilité grandissante et un sentiment d'être constamment débordée. À terme, ce tourbillon mental devient source de stress et conduit à un véritable épuisement émotionnel et physique.

Dans ce chapitre, nous allons explorer un outil simple, mais incroyablement puissant pour vous aider à désencombrer votre esprit : la **to-do list**. Loin d'être une simple liste de tâches, elle peut devenir votre alliée pour retrouver sérénité et contrôle sur votre quotidien.

Notre objectif est de transformer la to-do list en un véritable outil de libération mentale. Nous verrons comment elle peut vous aider à :

- Vider votre esprit en externalisant les tâches et les préoccupations.
- Organiser vos priorités pour vous concentrer sur l'essentiel.

- Réduire votre stress en visualisant clairement ce qui doit être fait.
- Retrouver un sentiment d'accomplissement en cochant les tâches accomplies.

Préparez-vous à découvrir une approche de la to-do list qui va au-delà de la simple gestion des tâches. Nous allons explorer comment cet outil peut vous aider à retrouver un équilibre et à prendre soin de votre bien-être mental.

Je me souviens très bien de ce dimanche après-midi, assise sur le canapé, incapable de me lever. Autour de moi, tout semblait désordonné : les jouets éparpillés sur le sol, le linge en retard, la liste interminable de choses à faire qui tournait en boucle dans mon esprit. Ce jour-là, j'ai ressenti un poids écrasant, une impression d'étouffer sous la pression mentale de tout ce qu'il fallait gérer. Avec la pression de tout faire avant que ma fille rentre de chez son père.

Et dans ces moments-là, je sais combien l'envie d'attraper son téléphone peut être tentante, non pas pour y télécharger une application d'organisation, mais bien pour se mettre à scroller sans fin. En attendant peut-être une éventuelle inspiration pour se mettre enfin en action. Vous en avez sans doute fait l'expérience, et si ce n'est pas le cas, je l'ai faite pour vous ! Et j'ai constaté que bien que les moments de détente sur son téléphone peuvent parfois se révéler bénéfiques, ils tournent souvent à l'effet inverse. Ces temps d'écran, au lieu de nous apaiser, ont tendance non seulement à nous faire culpabiliser, mais aussi à nous couper de nous-mêmes et de nos enfants.

J'ai alors attrapé mon Bullet Journal, ce carnet d'organisation créatif que je personnalise à ma façon. Il regroupe à la fois mes listes, mes rendez-vous, mes pensées et même mes petits dessins. Un espace à mi-chemin entre l'agenda et le journal intime, où je peux déposer tout ce qui m'encombre l'esprit. J'ai divisé une page en deux : une colonne « Perso », et une colonne « Pro ». Et j'y ai écrit tout ce qui m'envahissait l'esprit, tout ce qui tournait sans cesse, ces pensées parasites qui me paralysaient. Ce simple acte d'écriture a été une révélation : en visualisant concrètement tout ce qui me préoccupait, j'ai senti une partie de la pression diminuer. Et surtout, j'ai réalisé que je n'avais plus besoin de retenir toutes ces choses dans ma tête : elles étaient maintenant notées, extériorisées. C'était la première étape vers un allègement durable.

Outils concrets pour alléger sa charge mentale

Le Bullet Journal et le Brain Dump

L'un des outils parmi les plus efficaces pour désencombrer son mental est le Bullet Journal ou la pratique du brain dump (« vidage de cerveau »). Il s'agit simplement de prendre un moment pour écrire tout ce qui traverse notre esprit, sans filtres ni hiérarchie. Vider ses pensées sur papier permet non seulement de clarifier ce qui nous préoccupe, mais aussi de prioriser les tâches et d'organiser efficacement ses journées. Le Bullet Journal, structuré et visuellement organisé, apporte ensuite une clarté supplémentaire, réduisant le stress lié au brouillard mental ou à l'oubli potentiel.

Durant cette période de reconnexion avec moi-même, j'ai découvert une véritable passion pour le dessin grâce aux cours de Shayda Campbell sur YouTube. C'est en suivant ses vidéos que j'ai été initié au Bullet Journal, une révélation ! Cet outil d'organisation a transformé ma façon de gérer mon quotidien, en alliant l'utile à l'agréable grâce à la possibilité d'y intégrer le dessin. J'ai commencé à intégrer de petits motifs, des lettrages inspirants ou des fleurs stylisées dans mes pages. Ces illustrations ne sont pas là juste pour faire joli : elles transforment mon carnet en un espace vivant, agréable à consulter, motivant. Le dessin apporte une dimension sensorielle et ludique qui donne envie d'ouvrir son journal chaque jour. Il transforme la planification en un moment presque méditatif, où la créativité devient un vrai soutien au bien-être. Même les simples bordures, les titres décorés ou les petites icônes dessinées à la main rendent l'organisation plus douce, plus incarnée. Tellement plus agréable.

Le Bullet journal est devenu mon refuge personnel, un espace dans lequel j'ai pu transformer mon brouillard mental en une douce symphonie d'organisation et de sérénité. C'est exactement ce que le Bullet Journal peut offrir à une mère épuisée : il permet de centraliser toutes les informations, de les organiser de manière personnalisée et flexible (calendrier, to-do lists, notes et suivi d'habitudes dans un seul carnet). Plus besoin des Post-its éparpillés ou de craindre d'oublier un rendez-vous important. Il aide à prioriser les tâches, à identifier les plus importantes et à les aborder une par une pour se concentrer sur l'essentiel et retrouver un sentiment de contrôle.

Au-delà de l'organisation pure, le Bullet Journal devient aussi un espace de soin intérieur. Il permet de libérer l'esprit en notant les pensées et les préoccupations, mais aussi d'aller plus loin : on peut y suivre son humeur au fil des jours, noter ce qui nous a apaisée ou contrariée, et ainsi mieux se comprendre. On peut y inscrire la qualité de son sommeil, ses variations, et faire des liens avec son état émotionnel ou ses habitudes de vie. Il devient un outil d'observation bienveillante, presque thérapeutique.

C'est aussi un espace pour cultiver la gratitude, en y notant chaque jour une chose positive, aussi petite soit-elle. Un sourire, un rayon de soleil, un mot doux entendu. Cette simple pratique transforme le regard que l'on porte sur sa journée, et ancre l'attention sur ce qui nourrit plutôt que sur ce qui épuise. Avec le temps, ces gestes répétés créent un ancrage solide : une manière de mieux habiter sa vie, plus consciente, plus alignée.

Pas besoin de créer des mises en page complexes, l'essentiel est de trouver un système qui fonctionne pour soi, qui s'adapte à son emploi du temps et qui apporte un peu de douceur dans le quotidien.

Les différentes to-do lists et leurs avantages

La to-do list quotidienne

C'est comme une boussole qui guide nos pas dès le matin. En notant précisément les tâches urgentes (appeler le pédiatre, préparer un dîner rapide, finir ce fameux dossier), on se sent immédiatement moins stressée, rassurée par la clarté et la vision réaliste des tâches prioritaires à accomplir. Elle aide à réduire le stress immédiat en organisant ses actions de manière concrète et atteignable.

Avantages :

- Clarifie les priorités du jour.
- Réduit le sentiment d'être submergée en décomposant les tâches en petites étapes.
- Procure un sentiment d'accomplissement à chaque tâche cochée.
- Permet de visualiser le temps disponible.

La to-do list hebdomadaire

C'est une alliée précieuse pour respirer plus facilement toute la semaine. En planifiant les courses, les trajets des enfants ou même ces précieux moments de pause rien que pour soi, on ressent un réel soulagement. On sait à quoi s'attendre et elle permet d'équilibrer la charge de travail sur plusieurs jours pour anticiper plus efficacement.

Avantages :

- Offre une vue d'ensemble de la semaine.
- Permet de planifier les tâches récurrentes.

- Aide à anticiper les événements importants.
- Permet de répartir les tâches sur la semaine afin de ne pas tout faire le même jour.

La to-do list mensuelle

Elle permet de visualiser sereinement à plus long terme. Cette anticipation apaise profondément l'anxiété et permet de retrouver un certain sentiment de contrôle. Par exemple, prévoir un anniversaire, organiser les week-ends, planifier les tâches ménagères ou anticiper des rendez-vous médicaux réguliers. Elle permet de mieux gérer son temps et de ne pas être prise au dépourvu par des échéances importantes.

Avantages :

- Vision d'ensemble et planification à long terme,
- Anticipation des événements,
- Fixation d'objectifs mensuels,
- Gestion des tâches récurrentes.

La to-do list par projet ou thématique

Très utile pour regrouper toutes les actions à effectuer autour d'un sujet précis. Elle me sauve régulièrement du sentiment d'éparpillement. En regroupant les tâches par thèmes (un événement familial, un projet au travail, la rentrée scolaire), je peux pleinement me concentrer sans me disperser. C'est une vraie bouée de sauvetage quand tout semble s'accumuler.

Avantages :

- Clarté,
- Gain de temps,
- Efficacité,
- Réduction du stress lié aux événements importants.

Adapter la to-do list aux imprévus

Un des pièges fréquents de la to-do list, c'est de vouloir tout contrôler. Or, la vie — et encore plus la vie de mère — est faite d'imprévus. Une maladie d'enfant, un rendez-vous qui déborde, une fatigue soudaine… Et là, la frustration peut vite s'installer. Pour éviter cela, il est essentiel d'apprendre à intégrer l'imprévu dans son organisation.

Voici quelques astuces simples :

- Prévoir un « espace tampon » chaque jour : plutôt que de remplir votre journée à 100 %, laissez volontairement un créneau vide. Il servira de marge de manœuvre en cas d'aléa.
- Identifier 1 à 3 priorités maximum : tout le reste est « bonus ». Cela permet de ressentir de la satisfaction, même si tout n'est pas fait.
- Utiliser un code ou une flèche pour les tâches reportées : au lieu de les barrer, indiquer qu'elles sont déplacées. Cela évite la culpabilité inutile.
- Inclure une « mini to-do list » de secours : 2 ou 3 petites tâches rapides, que vous pouvez faire en 10 minutes si tout déraille ailleurs.

Changer de posture intérieure : rappelez-vous que votre to-do list vous sert, pas l'inverse. Elle est là pour vous soutenir, pas pour vous contraindre.

Ces ajustements simples transforment la to-do list en un outil vivant, souple et bienveillant, capable de s'adapter à la vraie vie.

Autres listes utiles pour prendre soin de soi

Ce sont toutes les autres listes auxquelles on pense parfois sans jamais les faire. Je les ai découvertes en grande partie grâce au Bullet journal, mais elles peuvent tout à fait être réalisées sur tout autre support : carnet, papier libre, application numérique.

La liste des besoins et des désirs

Dans cette liste, je vous encourage à y déposer tout ce dont vous avez rêvé ou rêvez encore, tout ce que vous avez mis de côté en devenant maman. Vous pourriez être surprise de voir certains d'entre eux se réaliser alors même qu'ils étaient définitivement classés aux oubliettes. Pendant le confinement et à travers mon tout premier Bullet journal, j'ai noté dans cette liste mon vieux rêve d'apprendre à jouer du violon. Vous avez sûrement compris que YouTube est mon ami, et voilà que je regardais des tutos d'apprentissage du violon en intégrant même un groupe Facebook de débutants. Le confinement levé, je suis allé louer un violon et j'ai suivi des cours à domicile. Je ne suis certes pas devenu la violoniste du siècle, mais la satisfaction de m'être autorisé cette pratique a été immense.

« 42 %, c'est le pourcentage de chances d'atteindre nos objectifs si nous les notons dans un carnet. Rien que ça ! Gail Matthews, professeure en psychologie, a comparé les chances de réussite de 300 personnes. La moitié d'entre eux ont écrit leurs rêves et leurs ambitions, de manière régulière. Ces derniers ont atteint leurs objectifs à un niveau nettement plus élevé que ceux qui pensent leurs rêves, mais ne les écrivent pas. » E-writers.fr : Journal Intime et Sante Mentale.

La liste des besoins et des désirs peut vous permettre d'identifier clairement ce que vous pouvez mettre en place afin de prendre soin de vous (moments de détente, activités sportives, rendez-vous bien-être, sorties entre amis). C'est vous autoriser enfin à exister pleinement au milieu des obligations.

La liste de gratitudes

C'est également à travers le Bullet Journal que j'ai commencé à faire mes listes de gratitudes. Mais peut-être que vous vous demandez ce qu'est vraiment une gratitude : c'est tout ce pour quoi nous nous sentons reconnaissantes. Je me souviens avoir commencé par faire une rétrospective des gratitudes de l'année écoulée. Et bien que je traversais une période difficile de séparation, la liste se remplissait de mes petites et grandes joies, des moments positifs et des réussites du quotidien. Une belle découverte et un outil particulièrement précieux quand on se sent à bout et dans une certaine forme de désespoir. Plusieurs études le prouvent : la gratitude améliore la santé physique et mentale. Les travaux de la psychologue Rebecca Shankland, figure majeure de la psychologie positive en France, ont notamment montré que « *Les personnes qui éprouvent de la gratitude repèrent davantage les événements positifs de la vie et les retiennent plus que les personnes moins reconnaissantes* ». Ces recherches suggèrent également que la gratitude peut être cultivée dès le plus jeune âge et avoir des effets positifs sur le bien-être émotionnel et les relations sociales.

Apprendre à avoir de la gratitude nous aide à cultiver un état d'esprit positif, améliore l'humeur, la qualité du sommeil et réduit les symptômes dépressifs. Se recentrer sur l'essentiel et se rappeler la beauté de la vie même dans les moments difficiles.

Voici l'exemple d'une liste de gratitudes sur une semaine type.

Lundi : Un café chaud savouré seule, en silence, pendant que tout le monde dormait encore.

Mardi : Une discussion sincère avec une amie que je n'avais pas vue depuis longtemps.

Mercredi : Le rire contagieux de mon enfant en jouant à cache-cache.

Jeudi : Avoir pris le temps de lire trois pages d'un livre qui m'inspire.

Vendredi : Le ciel rose au lever du soleil, aperçu en ouvrant les volets.

Samedi : Mon corps qui a suivi une séance de yoga alors que je doutais d'en avoir l'énergie.

Dimanche : Avoir osé dire non sans culpabiliser.

Les listes diverses, mais précieuses

Comme la liste des films à voir ou revoir pour s'offrir un moment de détente agréable, la liste des livres préférés ou à découvrir pour nourrir son esprit, ou encore la liste de bonnes adresses de restaurants et de lieux agréables pour s'accorder un moment de plaisir et de découverte. Ce sont des refuges émotionnels que je m'offre avec bienveillance.

Apprendre à déléguer et lâcher-prise

Les to-do lists m'ont permis également d'accepter que je ne peux pas tout gérer seule. Et c'est peut-être l'un des actes les plus courageux que j'ai appris. Confier certaines tâches à d'autres me libère et me permet de mieux respirer. Lâcher prise, c'est accepter de ne pas tout maîtriser et préserver son énergie pour ce qui importe vraiment : sa famille, ses enfants, et soi-même.

Déléguer certaines responsabilités à son partenaire, à ses enfants ou même à des professionnels extérieurs permet d'alléger considérablement sa charge mentale. Ce n'est pas une faiblesse, mais une marque d'intelligence émotionnelle : savoir préserver son énergie pour ce qui compte vraiment. Lâcher prise, c'est accepter l'imperfection du quotidien et se concentrer sur l'essentiel.

To-do list « Délégation »

Avantages :

- Réduit la charge mentale.
- Encourage le partage des responsabilités.
- Permet de se concentrer sur les tâches essentielles.

Mais je dois reconnaître qu'apprendre à déléguer et lâcher prise n'est pas aussi simple qu'il y paraît. Longtemps, j'ai cru que demander de l'aide revenait à reconnaître que je n'étais pas à la hauteur, que je n'étais pas assez forte ou organisée. J'avais peur de décevoir, d'être jugée ou simplement de déranger. Inconsciemment, je pensais devoir tout gérer seule, comme si demander du soutien était un aveu de faiblesse. Ce sentiment révélait en réalité un profond manque d'amour envers moi-même : je ne m'autorisais pas à recevoir l'aide que je méritais. Mais avec le temps, j'ai compris que déléguer et accepter l'aide des autres était une véritable force, un signe d'humilité et de respect envers moi-même. Cela signifie que j'accorde enfin de l'importance à mon bien-être et à mes limites. Lâcher prise m'a permis de redécouvrir ce qui compte vraiment et d'apaiser mes attentes irréalistes envers moi-même.

J'ai aussi pris conscience que nous vivons dans une société profondément individualiste, où la solidarité entre femmes, et particulièrement entre mères, s'est peu à peu perdue. Il est même devenu difficile d'entamer une simple conversation devant l'école, tant chacune est absorbée par son téléphone. Il y a quelques jours encore, lors d'une sortie scolaire avec ma fille, je discutais avec une maman qui travaille de nuit et qui m'expliquait avoir des difficultés à accompagner son fils au foot le mercredi à cause de ses horaires. Spontanément, je lui ai proposé mon aide, puisque j'accompagne déjà ma fille à la gym juste à côté du terrain de foot. Mais j'ai immédiatement ressenti son malaise, une gêne presque palpable, dans laquelle je pouvais d'ailleurs m'identifier et qui a coupé court à ma proposition. Elle s'est contentée de hocher la tête en guise de refus, et cela m'a profondément interrogée sur la difficulté que nous avons désormais à accepter ou à offrir de l'aide.

Peut-être est-ce dû au stress omniprésent, au manque de temps qui touche tout le monde, ou à cette pression constante à tout gérer parfaitement seule. Il est urgent, pourtant, de réinventer cette entraide si précieuse, de réapprendre à nous soutenir mutuellement, à oser demander et à offrir notre aide sans crainte.

Conclusion

Ainsi, si désencombrer son mental ne se fait pas en un jour, les to-do lists peuvent se révéler être des puissantes facilitatrices du quotidien. C'est une démarche nourrie par ces petits gestes simples, mais efficaces, qui redonnent peu à peu légèreté, énergie et joie de vivre.

Désencombrer son mental est un chemin doux et bienveillant, fait de petits gestes quotidiens qui m'ont appris à retrouver peu à peu la légèreté et la joie d'être simplement moi.

Apprendre à alléger sa charge mentale, c'est se réconcilier avec soi-même, retrouver le chemin vers son équilibre intérieur, et se rappeler que nous méritons toutes de respirer, d'exister pleinement et d'être soutenues. Chaque liste posée sur papier est un pas vers plus de clarté, de douceur et de respect envers soi. C'est une main tendue vers nous-mêmes, mais aussi vers les autres femmes, vers les autres mères. Retrouvons ensemble le plaisir de nous soutenir, de nous comprendre et de nous alléger mutuellement. Car ensemble, nous pouvons véritablement retrouver la sérénité et redonner à nos vies la douceur et l'espace dont elles ont tant besoin.

À retenir : ce que libère la to-do list

La charge mentale n'est pas qu'une question de tâches : c'est tout ce qu'on garde en tête, sans relâche.

Écrire une to-do list, c'est poser, trier, clarifier. C'est faire sortir les pensées de sa tête pour mieux les organiser.

Il existe mille façons de l'adapter : par jour, par semaine, par projet. L'essentiel, c'est qu'elle vous soutienne, pas qu'elle vous contraigne.

Penser aussi à des listes pour soi : ce qui vous fait du bien, ce que vous aimez, ce que vous rêvez. Car vous avez aussi le droit d'exister dans votre propre emploi du temps.

Une to-do list bien pensée, ce n'est pas une pression en plus : c'est un souffle, un allié pour alléger le mental.

Ressources gratuites à télécharger :

To-do list quotidienne imprimable :

Une feuille organisée par heures ou moments de la journée, avec une section pour les tâches prioritaires, les rendez-vous incontournables et un espace de notes.

Checklist hebdomadaire de ménage :

Une liste claire et simple de tâches ménagères à réaliser chaque semaine, réparties sur différents jours, pour alléger la charge mentale associée à l'entretien de la maison.

To-do list spéciale courses et menus de la semaine :

Un modèle qui associe la liste de courses par catégories (fruits/légumes, produits laitiers, etc.) avec une section pour prévoir les repas hebdomadaires.

To-do list d'organisation familiale mensuelle :

Une feuille pour noter les rendez-vous familiaux importants, activités extrascolaires, anniversaires et événements particuliers du mois, permettant une vision claire de ce qui attend la famille.

Liste d'urgence ou « kit de survie » mental :

Une checklist regroupant les actions rapides pour retrouver du calme lorsque la charge mentale devient trop lourde (respirer profondément, pratiquer une courte méditation guidée, prendre 5 minutes de pause, etc.).

Brain dump guidé :

Un modèle imprimable pour structurer les sessions de « vidage » des pensées parasites, avec des catégories telles que « tâches à faire », et des niveaux de priorités tels que « élevé », « moyen » et « faible ».

Par ici pour tout récupérer -->

Chapitre 8 : Routines, moins de stress, plus d'harmonie.

Les routines sont parfois perçues, à tort, comme des contraintes, des habitudes monotones qui étouffent la spontanéité. Elles peuvent sembler difficiles à instaurer et sont souvent abandonnées en cours de route, remplacées par des journées improvisées et aléatoires. Pourtant, sans repères clairs, les moments clés de la journée — le réveil, les repas, les devoirs, le coucher — se transforment rapidement en un joyeux bazar où le stress atteint son paroxysme. Pour les parents, cela signifie une surcharge mentale permanente, un sentiment d'épuisement et une impression de chaos constant.

Pourtant, bien pensées et adaptées aux besoins de chacun, les routines deviennent des alliées précieuses. Elles ne sont pas synonymes de rigidité, mais au contraire de fluidité : elles apportent des repères rassurants, soulagent la charge mentale et favorisent une meilleure harmonie familiale. Dans ce chapitre, je vous propose une autre façon de considérer les routines, non comme des contraintes supplémentaires, mais comme des alliées bienveillantes et intuitives, capables de vous offrir davantage de sérénité au quotidien. Nous allons explorer ensemble comment installer naturellement des routines simples et flexibles, adaptées au rythme de chacun, afin d'apaiser le stress familial et de renforcer l'équilibre émotionnel à la maison.

Stress parental et impact sur l'enfant

En tant que parent, vous avez probablement remarqué à quel point vos enfants sont sensibles à vos émotions, même celles que vous tentez de cacher. C'est tout à fait naturel :

vos enfants captent instinctivement ce que vous ressentez, et lorsque vous êtes stressé, ils le ressentent aussi, parfois très intensément.

Un enfant qui vit du stress l'exprime souvent de manière indirecte : il peut s'agiter davantage, avoir du mal à se concentrer, ou montrer des émotions très fortes, qui vous semblent parfois exagérées. En réalité, il essaie simplement de gérer et d'évacuer une tension intérieure qu'il ne comprend pas encore bien, ni ne sait comment exprimer autrement. Une étude menée à l'Université de Montréal (*Interaction entre le stress parental maternel et paternel en lien avec les problèmes de comportement intériorisés et extériorisés de l'enfant*, Rose Lapolice Thériault, 2022) a révélé que le stress parental est associé aux difficultés socioaffectives des enfants, soulignant l'importance de gérer son propre stress pour favoriser le bien-être de son enfant.

Bien sûr, certains enfants présentent un réel trouble de l'attention (TDAH : Trouble du Déficit de l'Attention avec ou sans Hyperactivité, un trouble neurodéveloppemental caractérisé par des difficultés d'attention, une hyperactivité et/ou une impulsivité), mais j'ai souvent observé, dans ma pratique, que ce diagnostic est posé trop rapidement. Cette précipitation peut conduire à une médicalisation rapide, alors que la cause réelle, à savoir le stress émotionnel lié à l'environnement familial, reste souvent ignorée. Selon la Haute Autorité de Santé (HAS), environ 5 % de la population des enfants présentent ce trouble selon les estimations actuelles. Cependant, des études suggèrent que certains comportements immatures en classe, liés à l'âge des enfants, pourraient être confondus avec des symptômes du TDAH, menant à des diagnostics précoces avec parfois une médicalisation.[1]

---

[1] (Article HAS — mis en ligne le 22 janv. 2025).

Je suis convaincue qu'en adoptant une approche plus douce, en prenant le temps d'observer et d'écouter votre enfant, vous pourrez mieux comprendre ce qu'il ressent réellement. En apaisant votre propre stress, vous créerez naturellement un environnement plus serein qui permettra d'accompagner votre enfant vers plus de calme, de confiance et de bien-être, de manière durable et profonde.

Le rôle du stress dans la formation des habitudes

Le stress joue un rôle clé dans la formation des habitudes, mais il influence différemment les bonnes et les mauvaises habitudes. Sous pression, notre cerveau cherche des raccourcis pour économiser de l'énergie et prendre des décisions rapidement. C'est ainsi que certaines habitudes se forment, sans que nous en ayons toujours conscience.

Les mauvaises habitudes : des réflexes automatiques pour gérer le stress

Face au stress, notre cerveau active des comportements de compensation qui procurent un soulagement immédiat, mais souvent au détriment de notre bien-être à long terme. Par exemple :

- **Se réfugier dans la nourriture réconfortante**, souvent riche en sucre et en gras, pour apaiser une tension émotionnelle.
- **Développer des comportements d'évitement**, comme passer du temps sur les écrans pour échapper aux responsabilités.
- **Reporter les tâches difficiles**, connu également sous le terme de « procrastination », ce qui va renforcer l'accumulation du stress.

Ces réactions, bien que naturelles, nous enferment dans un cycle où l'habitude se renforce à chaque répétition, car elle procure un soulagement momentané.

Les bonnes habitudes : créer des ancrages positifs

À l'inverse, lorsqu'une habitude est associée à un apaisement profond et durable, elle devient une ressource précieuse pour mieux gérer le stress. Pour qu'une routine bénéfique s'installe durablement, elle doit :

Être simple et accessible : Plus elle est facile à mettre en place, plus elle sera maintenue.

S'intégrer dans le quotidien : Associer une nouvelle habitude à une action déjà ancrée (par exemple, faire trois respirations profondes après avoir posé son café sur la table).

Offrir un bénéfice immédiat et ressenti : Une sensation de bien-être rapide aide à renforcer la motivation.

Se focaliser sur une seule habitude à la fois : L'une des erreurs les plus courantes est de vouloir instaurer plusieurs nouvelles habitudes simultanément. Le cerveau ayant besoin de répétition et de constance pour automatiser un comportement, il est essentiel de se concentrer sur un seul changement à la fois. Une fois cette habitude bien ancrée, il devient alors plus facile d'en intégrer d'autres progressivement. En général, une habitude commence à bien s'ancrer après environ 21 jours de répétition régulière, mais certaines études indiquent qu'il peut falloir jusqu'à 66 jours pour qu'elle devienne pleinement automatique et intégrée dans votre quotidien.

Pour introduire une nouvelle habitude sereinement, il est conseillé d'attendre que la première soit bien établie et qu'elle ne demande plus d'effort particulier pour être réalisée. À ce stade, vous pouvez alors ajouter progressivement une autre habitude sans risquer de compromettre la première. Cette approche progressive permet d'ancrer durablement chaque habitude tout en préservant votre motivation et votre énergie.

Les routines bien pensées sont comme des ancrages solides au milieu de la course du quotidien. Elles offrent un refuge, un espace de sérénité où votre esprit peut se poser, s'apaiser et retrouver sa clarté. Elles ne sont pas de simples automatismes, mais des piliers sur lesquels s'appuyer pour avancer avec confiance et équilibre, même lorsque l'imprévu surgit.

Rituels pour nourrir l'amour de soi

S'aimer ne se décrète pas, cela se construit chaque jour avec douceur et intention. Intégrer des moments réguliers de reconnexion à soi-même est essentiel pour cultiver l'amour de soi.

Le matin : démarrer la journée avec intention

Quelques respirations profondes. Personnellement, j'ai découvert la puissance de débuter mes journées par quelques respirations profondes dès le réveil. Cela me permet d'installer un climat de calme et de sérénité pour affronter les défis quotidiens. La respiration profonde contribue à diminuer le taux de cortisol, l'hormone du stress, et à favoriser un état de calme. Il semblerait même que quelques minutes de respiration profonde peuvent être plus efficaces qu'une tasse de café pour se sentir réveillée ! De la même manière, en cas de situation stressante pendant la journée, la respiration profonde peut être utilisée comme un outil de gestion des émotions.

Se sourire à soi-même devant le miroir : Dans ce monde où le stress et les responsabilités s'accumulent, l'humanité tout entière semble avoir oublié comment sourire, non seulement aux autres, mais surtout à soi-même. Un geste simple, mais tellement efficace pour renforcer son estime personnelle. Se sourire chaque matin, c'est se reconnaître, se remercier d'être là, s'accueillir avec douceur. C'est un acte de reconquête de soi, une manière de réapprendre à s'accepter et à cultiver une tendresse envers sa propre existence.

Prendre un moment juste pour moi, avant que la maison s'anime. Pour savourer une boisson chaude ou écrire quelques lignes, c'est devenu un véritable rituel matinal qui me ressource profondément. Un rituel qui ne demande que quelques minutes et qui peut tout aussi bien être réalisé à un autre moment de la journée pour les moins matinales.

Ces gestes simples et faciles à mettre en place permettent de démarrer la journée plus sereinement. Ils sont bien sûr à adapter selon votre sensibilité. Certaines peuvent préférer démarrer la journée en musique, d'autres par une méditation. Quels que soient les rituels choisis, ils permettent de poser les bases d'une journée plus sereine et productive.

Prendre soin de son corps : des rituels pour se reconnecter à soi

Prendre soin de soi ne signifie pas nécessairement suivre une routine stricte chaque jour, mais plutôt s'accorder régulièrement des moments privilégiés, doux et bienveillants. Ces rituels occasionnels permettent de renforcer la connexion à votre corps et d'apaiser l'esprit.

Je ne pratique pas ces rituels quotidiennement, mais régulièrement une à deux fois par semaine, je prends le temps de me reconnecter à mon corps par des gestes doux et conscients. **Un massage à l'huile parfumée** ou une **douche relaxante** où je visualise le stress s'évacuer.

Ces rituels renforcent ma connexion à moi-même. Ce simple exercice d'imagerie mentale peut faire des miracles : il permet de libérer le corps et l'esprit du poids de la journée, offrant un véritable apaisement et une sensation de renouveau. Plus qu'un geste quotidien, c'est une purification symbolique qui aide à se délester de ce qui n'a plus lieu d'être.

Lorsque j'ai décidé de me réapproprier ma féminité grâce à un relooking professionnel, j'ai pris conscience du pouvoir transformateur de **s'habiller avec intention**. Choisir mes tenues est désormais un geste conscient d'amour et de respect envers moi-même. Trop de mères s'éloignent de leur féminité sous le poids d'un quotidien souvent trop rempli. Il peut être surprenant de constater à quel point une nouvelle coupe de cheveux, des conseils avisés sur les tenues adaptées à sa morphologie et à son teint de peau peuvent sublimer et révéler cette partie de soi que l'on croit trop souvent perdue.

<u>Le soir : terminer la journée en douceur</u>

Écrire des gratitudes : J'ai instauré depuis quelque temps une pratique simple, mais puissante à savoir écrire chaque soir une ou plusieurs gratitudes, même (et peut-être surtout) après une journée difficile. Ce rituel m'aide à me focaliser sur le positif et apaise mon esprit avant de dormir. Des études en psychologie positive ont démontré que cultiver la gratitude renforce le bien-être émotionnel, réduit le stress et améliore la qualité du sommeil. Par exemple, une étude menée par Wood et al. (2009) a révélé que la gratitude influence positivement le sommeil en réduisant les pensées négatives avant le coucher, ce qui favorise un endormissement plus rapide et un sommeil de meilleure qualité. [2]

Prendre un temps d'autocompassion, c'est une véritable clé du bien-être psychologique. Je m'accorde régulièrement un temps d'autocompassion pour accueillir avec douceur mes émotions et me rappeler que je fais de

---

[2] Wood, A. M., Joseph, S., Lloyd, J., & Atkins, S. (2009). Gratitude influences sleep through the mechanism of pre-sleep cognitions. *Journal of Psychosomatic Research, 66*, 43-48

mon mieux. Trop souvent, nous sommes nos propres critiques les plus sévères. Or, se traiter avec bienveillance permet de briser ce cycle d'autojugement et d'adoucir le regard que l'on porte sur soi-même. De nombreuses études en psychologie ont démontré les bienfaits de l'autocompassion sur la santé mentale et le bien-être général.

Plusieurs études ont démontré les bienfaits de l'autocompassion. Par exemple, une étude menée par Neff et Germer (2012) a évalué l'efficacité du programme « Mindful Self-Compassion » (MSC), un atelier de 8 semaines conçu pour renforcer l'autocompassion. Les résultats ont montré que les participants ayant suivi le programme présentaient des niveaux accrus d'autocompassion, de bien-être et de pleine conscience, ainsi qu'une diminution significative du stress, de l'anxiété et de la dépression. Ces améliorations ont été maintenues six mois après l'intervention. Ces résultats suggèrent que cultiver l'autocompassion peut être une stratégie efficace pour améliorer la santé mentale et le bien-être émotionnel[3].

Plutôt que de s'enfoncer dans la culpabilité ou le perfectionnisme, l'autocompassion nous apprend à reconnaître nos erreurs et nos failles avec douceur, à les voir comme des expériences humaines normales plutôt que comme des échecs personnels.

Lire quelques pages d'un livre inspirant est devenu ma façon préférée de clôturer ma journée paisiblement. Cette habitude favorise un endormissement plus paisible en détournant l'attention des pensées anxiogènes qui peuvent envahir l'esprit au moment du coucher. De plus, elle permet d'éviter la tentation de consulter son téléphone,

---

[3] Neff, K. D., & Germer, C. K. (2013). A pilot study and randomized controlled trial of the Mindful Self-Compassion program. *Journal of Clinical Psychology*, 69(1), 28–44.

dont la lumière bleue perturbe la sécrétion de mélatonine, l'hormone essentielle à un sommeil réparateur. Lire le soir, c'est donc offrir à son esprit une transition douce vers le repos, en créant une atmosphère propice à la détente et à l'apaisement.

Ces pratiques régulières, issues de ma propre expérience, sont devenues des piliers pour cultiver durablement l'amour et la bienveillance envers moi-même.

Routines parentales pour alléger le stress

L'enchaînement des sous-chapitres que vous découvrez n'est pas le fruit du hasard. Après avoir exploré les rituels maternels destinés à mieux gérer le stress quotidien, il est essentiel d'aborder maintenant les routines parentales. Ce choix délibéré vise à mettre en lumière le lien étroit entre le stress ressenti par une mère et les comportements de son enfant. En effet, le stress parental, qu'il soit maternel ou paternel d'ailleurs, influence directement l'enfant, pouvant générer chez lui des réactions de stress similaires. En comprenant comment les routines structurent et sécurisent le quotidien familial, vous découvrirez comment agir concrètement sur ce cercle vertueux où votre apaisement personnel favorise l'équilibre émotionnel de votre enfant. En créant des routines qui répondent aux besoins de chacun, il est possible de réduire le stress, de renforcer les liens familiaux et de retrouver un sentiment de calme et de maîtrise.

Le rituel du matin : un départ en douceur

Instaurer des routines familiales efficaces ne signifie pas nécessairement créer un cadre rigide ou contraignant. Au contraire, les routines les plus efficaces sont celles qui émergent naturellement, en respectant les besoins et le rythme individuels de chaque membre de la famille.

Observez votre enfant, écoutez-le et adaptez-vous à ses habitudes spontanées.

Certaines mères sont plus performantes le matin, d'autres le soir. Le fait d'être plutôt « du matin » ou « du soir », aussi appelé **chronotype**, est déterminé principalement par la génétique et les hormones entre autres. Pour ma part, je ne suis pas du « matin », et il m'a donc toujours fallu une routine simple et efficace pour gérer avec douceur ces premiers moments de la journée. En combinant mes habitudes aux besoins de ma fille, notre routine matinale s'est construite naturellement et sans contraintes. Nous nous réveillons toujours à la même heure, souvent avant même que le réveil ne sonne. Lorsque ma fille est plus fatiguée à cause d'un coucher tardif, je la réveille avec beaucoup de douceur.

Dans tous les cas, je lui laisse un temps calme pour émerger, pendant lequel je savoure tranquillement mon café, un rituel indispensable pour bien commencer ma journée. Quand elle arrive dans le salon, je lui prépare son petit-déjeuner qu'elle prend souvent devant un dessin animé, en dessinant ou en jouant. Pendant ce temps, je m'habille puis je l'aide à s'habiller à son tour. Une fois prête, elle s'installe spontanément sur une chaise du séjour dédiée au coiffage. Ce moment est un des temps forts de notre routine, particulièrement important vu la longueur de ses cheveux, et c'est devenu notre petit moment de complicité matinale. À la suite de cela, nous saisissons rapidement nos affaires, veste, cartable, sac et clés et courons vers la voiture, car les horloges semblent toujours tourner à une vitesse folle !

Il arrive parfois qu'il nous reste du temps avant le départ. Ce sont alors mes « bonus » de la routine matinale, au cours desquels je peux lancer une machine, ou le lave-vaisselle ou ranger le salon.

Une routine reste ainsi toujours flexible et rassurante : quelle que soit la qualité de notre nuit, les habitudes positives que constituent les routines deviennent des automatismes qui demandent finalement peu d'énergie et de stress.

L'essentiel étant qu'elle puisse être composée des temps forts et incontournables qui sont :

- Le réveil,
- Le petit-déjeuner,
- L'habillage,
- Le coiffage, visage et mains.

Et vous, à quoi ressemble votre matinée ?

Prenez un instant pour réfléchir aux moments clés de votre réveil. Y a-t-il un geste ou un rituel que vous pourriez rendre plus doux ? Une habitude que vous aimeriez ajuster ou simplifier ? Peut-être que votre matin commence dans la précipitation, ou que vous avez du mal à vous accorder un moment rien qu'à vous.

Et si vous identifiiez un ou deux petits repères à ancrer pour commencer la journée dans un esprit plus apaisé ? Rien d'ambitieux, juste une petite chose à laquelle vous raccrocher chaque matin. Parfois, cela suffit à transformer toute l'ambiance du jour à venir.

<u>Le rituel du soir : préparer une nuit sereine</u>

Le rituel du soir est toujours une étape plus délicate parce qu'elle va demander de composer avec notre propre fatigue de la journée et celle de notre ou de nos enfants. C'est ce que beaucoup de mères appellent « le tunnel du soir ». Ce moment particulièrement intense en fin de journée où tout semble s'enchaîner sans pause : récupérer les enfants, gérer les devoirs, préparer le dîner, superviser la toilette, coucher tout le monde… le tout dans un état de fatigue accumulée. C'est un enchaînement de tâches compressées dans un laps de temps très court, souvent vécu dans l'urgence et la tension.

Ce tunnel devient d'autant plus éprouvant quand on se sent seule à tout gérer, ou quand la fatigue rend la patience difficile à maintenir. Loin d'être un problème individuel, c'est une réalité quotidienne partagée par de nombreuses mères — un espace-temps où la surcharge mentale est à son comble et où le moindre grain de sable peut tout faire dérailler.

Le défi va être de préserver un maximum de calme et de douceur pour préparer un sommeil paisible. La routine intervient alors comme une aide précieuse pour réduire les tensions de la journée. Les temps forts vont être les suivants :

- Un moment calme avant les devoirs,
- Les devoirs,
- Le bain/douche/pyjama,
- Le repas,
- Les dents,
- Le coucher.

La difficulté ne réside pas tant dans cette succession de temps forts que dans la manière de la combiner à nos propres routines et exigences maternelles telles que les tâches ménagères, la préparation du repas et l'anticipation du lendemain (organiser ses affaires, planifier sa journée). C'est dans cette phase que des ajustements comme la répartition des tâches dans le couple (chapitre 9) ou le batchcooking (chapitre 10) peuvent faire la différence et permettre une réduction significative du stress.

J'ai constaté parfois chez certaines mères épuisées, des conduites d'évitement face au stress anticipé des fins de journée : certaines prolongent leurs journées de travail, traînent volontairement avant d'aller chercher les enfants à la garderie, ou trouvent mille petites raisons de retarder ce moment. Ce n'est pas qu'elles aiment moins leurs enfants — bien au contraire. C'est souvent un réflexe inconscient pour éviter le chaos prévisible du retour à la maison : les pleurs, les négociations, la fatigue de tous.

Quand chaque fin de journée devient un champ de tension, on peut finir par redouter ce moment.

Mais ce report ne fait qu'aggraver le problème. En rentrant plus tard, le temps est encore plus compté, les tensions plus concentrées, les besoins plus urgents. C'est un cercle vicieux : plus on évite, plus la pression augmente, plus la charge mentale s'alourdit. Et plus il devient difficile d'instaurer une routine qui pourrait justement soulager cette tension. La peur des conflits, de la confrontation ou de l'échec à maintenir une certaine organisation pousse parfois à renoncer à en établir une, alors même qu'elle serait une clé pour retrouver un minimum de calme.

La routine du soir est en effet un moment privilégié pour renforcer les liens affectifs avec votre enfant. Lorsque l'enfant sait qu'il a 30 ou 45 minutes pour décompresser de sa journée, il va spontanément aller vers les activités qui vont le détendre pour faire ses devoirs ensuite. Ce qui vous laisse le temps de réchauffer ou préparer un repas.

Partager le repas tous ensemble est un moment agréable où chacun peut raconter sa journée ou simplement échanger, partager des sourires, rire de rien. Un moment durant lequel il est judicieux d'éviter de se plaindre ou de râler même si vous pensez en avoir toutes les bonnes raisons. Et vous réjouir de leurs progrès, de les voir en bonne santé ou juste d'être avec eux.

De la même manière, vous pouvez rappeler aux enfants que le repas reste un moment de partage et que vous ne voulez pas de conflit à table.

Vous pouvez, après le repas, encourager vos enfants à aider pour retirer les assiettes et les disposer dans le lave-vaisselle avant de leur laisser un temps calme et tranquille avant le coucher. Vous pouvez également les encourager à préparer leurs vêtements et affaires scolaires pour le lendemain et favoriser leur autonomie.

Terminez par un moment affectueux : câlin, bisous ou paroles rassurantes. Ce dernier moment avant le coucher est essentiel pour renforcer la sécurité affective et apaiser les inquiétudes éventuelles.

Ces habitudes simples, instaurées avec régularité et douceur, deviennent rapidement des repères rassurants qui facilitent l'endormissement des enfants comme des parents et améliorent la qualité du sommeil de toute la famille.

Conclusion : L'amour de soi au cœur des routines

Instaurer des routines familiales bienveillantes et fluides ne se fait pas du jour au lendemain, mais chaque petit pas compte. Elles contribuent à construire une atmosphère familiale plus sereine et équilibrée. Elles sont là pour vous soulager, vous recentrer, et surtout, vous permettre d'exister pleinement en tant que femme autant qu'en tant que mère.

Loin d'être un carcan rigide, ces routines apportent sécurité et réconfort à toute la famille, en favorisant une meilleure gestion du stress quotidien. En adoptant des routines simples et en restant à l'écoute des besoins et des émotions de chacun, vous offrez à vos enfants un cadre rassurant pour grandir et vous vous donnez à vous-même l'espace nécessaire pour respirer, vous ressourcer et profiter pleinement des moments partagés.

Prenez le temps d'expérimenter, d'ajuster et de co-construire ces routines en famille. Souvenez-vous toujours que la clé réside dans la bienveillance et l'amour, et qu'à travers des routines adaptées, vous favorisez une vie familiale plus épanouie, sereine et joyeuse.

À retenir : ce que construisent les routines

Les routines ne sont pas des prisons, mais des repères. Des gestes qui reviennent et rassurent.

Elles réduisent les imprévus, simplifient les journées, soulagent la charge mentale. Et elles soutiennent l'harmonie familiale.

Une routine bien choisie est fluide, évolutive, à l'image de la vie. Elle s'adapte aux rythmes, elle n'enferme pas.

Les rituels du matin, du soir, du corps, de l'âme… sont autant de bulles pour cultiver votre énergie et votre amour de vous.

Quand les routines sont justes, elles ne figent pas. Elles **soutiennent**. Elles **apaisent.** Elles ouvrent du **temps pour vivre mieux.**

Chapitre 9 : Déléguer, se libérer du poids pour mieux vivre.

Le poids des responsabilités, la pression de vouloir tout accomplir parfaitement, et le mythe tenace de la « super-maman » qui gère tout sans faillir, peuvent mener à un point de rupture. Une des clés pour éviter ou sortir de l'épuisement est de parvenir à déléguer, à demander de l'aide. Or, on observe très fréquemment, et je l'ai moi-même expérimenté, ces moments où l'on se sent submergée et où demander de l'aide semble insurmontable, presque un aveu de faiblesse. Admettre que l'on ne peut pas tout faire seule est un premier pas vers la libération, mais souvent difficile à franchir. Ce chapitre explore l'art de déléguer, non pas comme un aveu de faiblesse, mais comme une stratégie essentielle pour préserver son bien-être et retrouver un équilibre.

Nous aborderons l'importance d'identifier précisément nos besoins, de comprendre ce qui pèse réellement sur nos épaules, et de formuler des demandes d'aide claires et concrètes. Nous verrons les freins psychologiques et pratiques qui nous empêchent de déléguer, de la peur du jugement à la difficulté de lâcher prise. Mais surtout, nous mettrons en lumière les bénéfices considérables de la délégation : un temps retrouvé pour soi, un équilibre émotionnel et mental restauré, des relations familiales apaisées, et la possibilité de s'investir dans son propre épanouissement.

Enfin, ce chapitre vous guidera pas à pas dans la mise en œuvre de la délégation, en vous aidant à identifier les tâches à déléguer, à choisir les bonnes personnes ou ressources, et à vous préparer émotionnellement à accepter l'aide. Car déléguer, c'est avant tout un acte d'amour envers soi-même, une preuve de maturité qui ouvre la voie à une vie plus légère, plus équilibrée, et plus heureuse.

Identifier ses besoins précis

Pour commencer à déléguer efficacement, il faut d'abord identifier clairement ce qui pèse sur votre mental et votre énergie au quotidien. Il est facile de se sentir submergée sans même savoir avec précision par quoi. Or, pour demander de l'aide ou trouver des solutions, vous devez mettre des mots et des priorités sur ce qui constitue la charge la plus lourde. Cela demande de prendre un moment pour observer votre quotidien avec attention : quels sont les moments qui génèrent systématiquement du stress ou de la tension ? Quelles sont les tâches que vous redoutez le plus, que vous repoussez sans cesse ou qui vous épuisent moralement ? Est-ce la préparation des repas, la gestion des papiers, les trajets, l'aide aux devoirs, ou tout ce que vous devez penser à l'avance ?

Posez-vous cette question simple : si quelqu'un pouvait me soulager d'une chose, une seule, qu'est-ce que je choisirais en priorité ? C'est souvent là que se cache la tâche la plus lourde. Celle qui consomme votre énergie mentale ou émotionnelle bien au-delà du temps qu'elle prend réellement.

Nous l'avons vu, trop souvent les signaux de notre corps et de notre esprit sont ignorés, ce qui repousse nos limites jusqu'à l'épuisement. Apprendre à écouter ces signaux corporels et émotionnels est essentiel pour prendre le temps de se poser et de s'interroger.

1. Reconnaître les signes de surcharge tels que :

- **Fatigue chronique** : un épuisement persistant qui ne part pas, même après du repos.
- **Irritabilité** : lorsque la moindre contrariété fait déborder le vase.
- **Perte de concentration** : vous oubliez des tâches, des rendez-vous, ou vous n'arrivez plus à rester attentive.
- **Baisse de motivation** : tout vous semble pesant, sans intérêt ou difficile à accomplir.

Ces signaux sont autant d'indicateurs que vous portez peut-être plus que vous ne le réalisez.

2. Faire la liste des tâches :

Ensuite, dressez une liste de toutes les tâches qui vous reviennent : préparer les repas, gérer les papiers administratifs, faire la vaisselle, laver le linge, emmener les enfants à leurs activités, etc. Incluez-y aussi le « travail invisible » : tout ce qui concerne l'organisation de la vie familiale, comme planifier les rendez-vous, penser aux anniversaires ou acheter des fournitures scolaires.

À cette liste déjà longue peuvent s'ajouter des responsabilités professionnelles, des rendez-vous médicaux et des préoccupations personnelles. Plus vous serez précise dans cette énumération, plus vous pourrez cibler là où se trouve la surcharge. Faire cette liste a plusieurs avantages : elle vous permet d'avoir une vue d'ensemble claire de ce que vous gérez au quotidien, ce qui est en soi un premier pas vers un allègement. Et surtout, elle vous offre une base concrète à partir de laquelle vous pourrez décider ce qui peut être délégué, partagé ou réorganisé. C'est un outil de clarté qui rend la suite du processus beaucoup plus simple et concrète.

3. Prioriser pour mieux cibler :

Parmi cette liste, repérez ce qui est essentiel pour vous, ce qui pourrait être fait par quelqu'un d'autre et ce qui est secondaire ou reportable.

Essentiel : tout ce qui touche à la santé, à la sécurité, à l'éducation de vos enfants, ainsi qu'à vos valeurs fondamentales.

Déléguable : les activités qui prennent du temps ou de l'énergie, mais qui ne nécessitent pas nécessairement votre présence ou votre expertise.

Secondaire : ce que vous pouvez vous permettre de décaler ou même de supprimer si cela n'est pas indispensable.

Faire cet exercice permet de retrouver une forme de clarté dans le tumulte mental. Vous ciblez enfin précisément ce qui doit rester sous votre responsabilité et ce que vous pouvez transférer à autrui.

4. Se poser la question : « Qui pourrait m'aider ? » :

Une fois vos besoins identifiés, demandez-vous : « Qui pourrait m'aider à réaliser telle ou telle tâche ? » Peut-être quelqu'un de votre entourage, ou un service professionnel. L'important est d'oser formuler cette demande. C'est parfois un pas difficile, mais ô combien libérateur ! Le plus grand bénéfice de ces questionnements, c'est qu'ils vous aident à clarifier vos besoins de manière concrète, à sortir du flou mental. En prenant ce temps d'introspection, vous transformez une sensation diffuse d'épuisement en une demande claire, ciblée, compréhensible pour les autres. Cela vous permet de formuler des demandes d'aide précises, adaptées et plus facilement audibles par votre entourage.

Lorsque nous sommes épuisées, le stress et l'anxiété peuvent nous déconnecter de nos émotions, ce qui va rendre difficile la formulation de demandes claires. Nos émotions peuvent prendre le dessus et nous pousser à exprimer nos besoins de manière maladroite, sous le coup de la colère ou de la lassitude, ce qui peut mener à des situations conflictuelles.

C'est ici que la Communication Non Violente (CNV) prend tout son sens.

Développée par le psychologue Marshall Rosenberg, la CNV est une méthode de communication bienveillante, fondée sur l'écoute de soi et de l'autre. Elle repose sur quatre étapes clés :

- Observer sans juger : décrire les faits de manière neutre, sans accusation.
- Exprimer ce que l'on ressent : nommer ses émotions avec sincérité.
- Identifier ses besoins profonds : reconnaître les besoins à l'origine de nos émotions.
- Formuler une demande claire et réalisable : exprimer ce que l'on souhaite, sans exiger.

Elle permet d'éviter les malentendus, de désamorcer les conflits et de poser des limites tout en respectant les besoins de chacun.

Dans le cadre de la délégation, la CNV est un levier puissant : elle aide à formuler vos demandes d'aide de manière claire, apaisée et respectueuse, en augmentant vos chances d'être entendue et soutenue.

Voici quelques exemples de demandes formulées avec la CNV :

- « Je me sens très fatiguée (observation) et j'ai besoin de repos (besoin). Serait-il possible que tu t'occupes des enfants pendant une heure cet après-midi ? (demande) »
Au lieu de : « Je suis crevée. Tu pourrais t'occuper des enfants cet après-midi ? »
- « Je suis stressée par la montagne de linge à repasser (observation) et j'ai besoin d'aide pour alléger ma charge mentale (besoin). Pourrais-tu repasser les chemises ? (demande) »
Au lieu de : « Il y a une montagne de linge à repasser. Tu peux t'en charger pour une fois ! »
- « Je suis débordée par les tâches administratives (observation) et j'ai besoin de temps pour me concentrer sur mon travail (besoin). Serait-il possible de déléguer la gestion des factures à quelqu'un d'autre ? (demande) »
Au lieu de : « Quelqu'un d'autre pourrait s'occuper des factures ? Je ne peux pas tout faire ! »

À mesure que vous apprenez à formuler clairement ce dont vous avez besoin, sans reproche ni jugement, et à accueillir les besoins de ceux qui partagent votre vie, la peur du conflit s'apaise. C'est un peu comme si la CNV vous permettait de poser un nouveau décor, dans lequel chacun est autorisé à exprimer ce qui lui pèse vraiment, sans crainte d'être critiqué ou rejeté. Ainsi, lorsque la discussion s'échauffe ou que les incompréhensions s'accumulent, la CNV agit comme un ancrage solide : une manière de ramener le dialogue sur un terrain où l'on cherche des solutions et non des coupables. C'est dans cette atmosphère clarifiée et respectueuse qu'il devient plus facile de déléguer, de demander de l'aide et de vous accorder sur qui fait quoi, quand et comment.

Quand la colère ou l'agacement montent, il devient plus difficile de rester bienveillant dans nos échanges. Pourtant, la CNV peut justement devenir un appui solide dans ces moments délicats. Voici quelques clés pour y parvenir :

- Avant de parler, faites une pause, respirez profondément. Cette courte pause peut suffire à faire redescendre l'intensité émotionnelle et vous ramener à vous-même. Demandez un temps de recul si nécessaire : « Je suis trop énervée pour parler maintenant. Je vais prendre quelques minutes pour me calmer. »
- Exprimez votre ressenti sans accuser : Plutôt que de dire « Tu me fatigues » ou « Tu ne fais jamais rien », essayez : « Je me sens vraiment dépassée et j'ai besoin de calme. »
  En restant centré sur *votre* ressenti et non sur le comportement de l'autre, vous évitez d'attaquer, ce qui ouvre la voie à un dialogue plutôt qu'à une confrontation.
- Restez ancré dans vos besoins : identifiez ce que vous cherchez vraiment à obtenir. Par exemple, si vous êtes en colère parce que votre partenaire ne vous aide pas, votre besoin est peut-être : du soutien, du repos, ou simplement de la reconnaissance. Clarifiez ce besoin à voix haute.
  Cela laisse à l'autre un espace de réponse, sans pression ni ultimatum.

En fin de compte, la Communication Non Violente vient renforcer chaque étape de la délégation : elle offre la possibilité d'exprimer vos besoins, d'accueillir ceux des autres avec empathie et de dénouer les conflits potentiels de manière constructive. Elle vous accompagne, pas à pas, vers une organisation plus juste et plus sereine, où chacun peut s'impliquer dans le respect et la compréhension mutuels.

En ayant clarifié vos besoins, vous devenez plus apte à chercher des solutions adaptées. Et vous faites ainsi le premier pas sur la voie d'une délégation sereine et efficace, où vous gagnez en temps, en énergie et en tranquillité d'esprit.

Les freins à la délégation : ces obstacles qui nous retiennent.

Je pense que l'on serait toutes d'accord pour dire que déléguer est une super idée. Mais alors pourquoi est-ce si difficile ? Je me souviens très bien de ces moments où la fatigue me submergeait, où la liste des choses à faire semblait infinie. Je n'ai moi-même pas échappé à cette difficulté, et tout en ayant conscience que j'en avais besoin, quelque chose en moi me retenait. Il y a souvent des petites voix dans notre tête, des appréhensions qui nous freinent. Et les comprendre c'est déjà un grand pas pour les surmonter.

<u>La peur du jugement et le sentiment d'échec : « Vont-ils penser que je ne suis pas capable ? »</u>

Ah, cette petite voix qui nous murmure : « Si tu demandes de l'aide, c'est que tu n'y arrives pas toute seule... » On a tellement intégré l'image de la personne forte et autonome qu'avouer avoir besoin d'un coup de pouce peut nous donner l'impression d'échouer. On craint le regard des autres, leur jugement, et même notre propre autocritique. Pourtant, demander de l'aide, ce n'est pas un signe de faiblesse, mais plutôt une preuve de lucidité et de courage !

La difficulté à lâcher prise et à faire confiance : « Personne ne le fera aussi bien que moi ! »

C'est un classique ! Et très souvent une conséquence directe du **perfectionnisme**. On a souvent l'impression d'être la seule à pouvoir faire les choses « correctement », selon nos propres standards. L'idée de confier une tâche à quelqu'un d'autre peut générer de l'anxiété : « Et si ce n'est pas fait comme je veux ? Et si ça prend plus de temps ? Et si… ? » Lâcher prise, c'est accepter que les autres aient leur propre manière de faire, qui n'est pas forcément moins bien, juste différente. Faire confiance, c'est aussi donner aux autres l'opportunité de grandir et de se sentir utiles.

L'aspect financier et organisationnel : « Ça va coûter trop cher » ou « C'est trop compliqué à organiser »

Parfois, le frein est plus concret. On peut se dire que déléguer certaines tâches, comme le ménage ou la garde d'enfants, représente un coût financier trop important. Ou alors, on imagine déjà la complexité de mettre en place une nouvelle organisation : expliquer les consignes, coordonner les emplois du temps… Il m'est arrivé de me dire que « ce n'était pas la peine » de demander de l'aide pour des petites choses, que ce serait plus compliqué d'expliquer que de le faire moi-même rapidement. Ou alors, l'idée de devoir budgétiser une aide extérieure me semblait une contrainte supplémentaire. Ces aspects pratiques peuvent nous décourager avant même d'avoir essayé. Mais en réfléchissant au rapport coût/bénéfice sur le long terme, j'en suis rapidement arrivé à la conclusion qu'acheter du temps et de la tranquillité d'esprit peut parfois se révéler plus rentable que de s'épuiser et d'y perdre en qualité de vie ou en santé.

Par exemple, j'ai rapidement réalisé que le soulagement que m'apportait mon aide ménagère n'avait pas de prix. Ce n'est pas seulement du temps que j'ai gagné, c'est aussi une charge mentale en moins, une pression relâchée. Je n'ai plus à penser au ménage chaque soir après une longue journée ou à me sentir coupable si ma maison n'est pas impeccable. Cette aide concrète m'a offert une véritable légèreté, et surtout, de l'espace pour souffler, pour créer, pour être présente à ma fille. En y repensant, je considère aujourd'hui que ce choix est un investissement bien plus rentable qu'il n'y paraît — pour ma santé, mon équilibre et ma qualité de vie.

Et puis, il y a ce contexte dans lequel nous évoluons aujourd'hui. On nous pousse vers une parentalité que l'on voudrait « parfaite », « positive », « bienveillante » à chaque instant... tout en devant être des professionnels au top de notre forme et pleinement épanouis dans nos carrières ! C'est un peu comme jongler avec des balles de feu en talons aiguilles. On nous demande l'impossible, et on finit par se sentir coupables de ne pas y arriver.

Le paradoxe, c'est que l'on vit dans une société de plus en plus individualiste. On court après le temps, on est souvent loin de nos familles. Et l'entraide, cette belle solidarité qui existait peut-être davantage avant, semble s'être largement effritée. On n'a plus toujours le temps de proposer un coup de main, et parfois, on hésite même à en accepter, de peur de déranger ou de se sentir redevable. Pourtant, il y a une sagesse profonde dans ce vieux proverbe africain : « Il faut tout un village pour élever un enfant. » Cette phrase résonne tellement avec ce que beaucoup de parents ressentent aujourd'hui : ce besoin de soutien, de partage, de ne pas se sentir seul(e) face à l'immensité de la tâche. Alors, comment naviguer dans ce tourbillon d'injonctions contradictoires et retrouver le chemin de l'entraide et de la délégation ?

La première étape, c'est de les reconnaître et de les accepter. Se dire : « Oui, j'ai cette peur, c'est normal. » Ensuite, on peut commencer à les remettre en question doucement. Est-ce que le jugement des autres est vraiment aussi important que mon bien-être ? Est-ce que « ma » façon de faire est vraiment la seule bonne façon ? Et pour les aspects pratiques, n'y a-t-il pas des solutions plus simples qu'on ne l'imagine ?

Ces freins sont des obstacles sur le chemin d'une vie plus équilibrée. En les identifiant, on se donne la possibilité de les dépasser, pas à pas, et d'ouvrir la porte à la précieuse aide dont on a besoin.

Une transformation possible : l'histoire de Sarah

Pour illustrer ce cheminement, prenons l'exemple de Sarah, maman de deux enfants en bas âge et responsable d'un service clientèle, un poste exigeant. Pendant longtemps, elle a tenté de tout gérer elle-même : préparer les repas, organiser les activités périscolaires, s'occuper du linge, faire les courses, gérer les factures, sans oublier son travail à temps plein. Épuisée, elle se sentait constamment sur la brèche, irritable et coupable de ne pas réussir à être disponible pour ses enfants.

Je l'ai accompagnée et ensemble, on a dressé la liste de toutes ses tâches quotidiennes pour pouvoir prioriser ce qui nécessitait réellement sa présence. Elle s'est rendu compte qu'elle perdait un temps précieux à faire des courses plusieurs fois par semaine, alors qu'un service de livraison en ligne pouvait parfaitement le remplacer. Elle a également envisagé d'engager une aide ménagère deux heures par semaine, dont le coût était finalement très rentable au regard du bénéfice apporté. Et de demander à son conjoint de s'occuper de la lessive.

Au début, elle a ressenti une forme de culpabilité. Elle craignait d'être jugée pour « en faire moins ». Mais grâce à la Communication Non Violente, elle a expliqué à son conjoint et à ses proches sa situation, ses besoins et ce qu'elle ressentait. Elle a découvert qu'ils étaient bien plus compréhensifs qu'elle ne l'aurait pensé. En l'espace de quelques semaines, ces petits changements ont allégé considérablement son quotidien. Son humeur s'est améliorée, sa fatigue a diminué et elle a pu profiter de moments de qualité avec ses enfants, sans avoir l'impression de sacrifier quelque chose. Le soulagement qu'elle a ressenti en déléguant certaines tâches lui a permis de retrouver de l'énergie, de la disponibilité d'esprit et surtout, de la sérénité au sein de sa famille.

Les bénéfices de la délégation

En déléguant et en demandant de l'aide, il devient possible de s'engager dans un véritable cercle vertueux au sein de sa vie personnelle et familiale. Les avantages sont nombreux :

Se libérer du temps pour soi : *Retrouver des moments précieux pour ses propres besoins et envies. (retrouver le plaisir d'un bain chaud sans être interrompue, s'accorder une balade en pleine nature ou avoir 30 minutes pour lire un livre ou écouter un podcast).*

Retrouver son équilibre émotionnel et mental : *Apaiser l'esprit, réduire le stress et l'anxiété pour plus de sérénité. (une séance de méditation, un moment pour respirer profondément avant de dormir ou tout simplement un espace vide dans l'agenda pour ne rien faire).*

Améliorer ses relations familiales grâce à l'énergie retrouvée : *Être plus présente, patiente et profiter de moments de qualité en famille. (un moment de jeu où l'on rit vraiment, un câlin sans penser à autre chose, ou une discussion avec son partenaire sans tension).*

Investir en soi et pour soi comme acte d'amour personnel : *Se donner la priorité, se ressourcer et s'épanouir. (renouer avec une passion, reprendre une activité physique ou simplement s'autoriser à rêver à autre chose que la prochaine tâche à accomplir).*

Déléguer, c'est retrouver un espace de respiration dans son quotidien. C'est pouvoir dire oui à ce qui compte vraiment pour soi, sans se noyer sous ce qui pourrait être partagé. C'est aussi sortir du mode survie pour entrer dans une vie plus fluide, plus alignée. En confiant certaines responsabilités, vous créez de la place pour vivre plus sereinement, pour être plus disponible aux autres — et surtout, à vous-même. Ce n'est pas faire moins, c'est faire autrement : avec plus de clarté, de calme, et de liberté intérieure

Conclusion : Déléguer pour mieux vivre

Accepter que nous ne puissions pas tout faire seule n'est en aucun cas un aveu de faiblesse, mais bien une preuve de maturité et d'une profonde bienveillance envers soi-même. Reconnaître ses limites, c'est se donner la permission de ne pas être parfaite et de prioriser son bien-être. C'est un acte d'amour essentiel pour avancer sereinement. En choisissant de confier certaines tâches, vous vous offrez la possibilité de respirer, de souffler, et de vous recentrer sur l'essentiel : profiter de moments de complicité avec vos enfants, partager de vrais instants d'échange avec votre entourage, et prendre le temps de nourrir vos propres aspirations.

Alors, je vous invite chaleureusement à passer à l'action, concrètement et simplement. Choisissez une petite tâche qui vous pèse particulièrement et identifiez une personne ou une ressource qui pourrait vous aider. Nul besoin de tout changer d'un coup, chaque petit pas compte.

Les témoignages comme celui de Sarah en sont la preuve : même un petit pas vers la délégation peut changer le climat familial, alléger la pression et ouvrir la voie à davantage de joie et de sérénité. Bien sûr, il faut parfois un temps d'adaptation, un apprentissage progressif du lâcher-prise. Mais, au fur et à mesure que vous osez déléguer, vous découvrez combien il est doux de retrouver du temps, de l'énergie, et de la disponibilité pour ce qui compte vraiment à vos yeux.

Finalement, déléguer, c'est célébrer votre propre valeur : reconnaître que vous méritez le soutien, que vous avez le droit de souffler, et que cela ne fait pas de vous une personne moins compétente ou moins aimante. C'est une manière de vous honorer, de prendre soin de ce précieux équilibre qui nourrit toute votre famille et vous permet d'avancer avec plus de légèreté.

À retenir : ce que déléguer permet

Déléguer, ce n'est pas abandonner. C'est **se respecter.** C'est dire : « Je ne peux pas tout faire seule — et ce n'est pas grave. »

Repérer les tâches qui vous épuisent est le point de départ. Les poser à plat permet de mieux les partager.

Oui, il y a des freins : la culpabilité, la peur du regard des autres, le besoin de contrôle. Mais ces freins peuvent se travailler, s'assouplir, se dépasser.

Apprendre à demander avec clarté et bienveillance transforme les relations. La Communication Non Violente peut être une clé puissante.

Déléguer, c'est choisir de ne plus s'oublier. C'est s'offrir de l'air, du temps, de la présence. Et c'est faire de la place à plus d'équilibre et de paix.

Chapitre 10 : Batchcooking, simplifier pour mieux profiter

Quand la cuisine devient une charge mentale de trop…

Cette phrase, combien de fois l'ai-je prononcée intérieurement ? Debout devant un frigo à moitié vide, fatiguée par une journée interminable, envahie par cette question redoutable : « Qu'est-ce qu'on mange ce soir ? ». Je savais que ce moment arriverait chaque jour, inévitablement, mais il me trouvait pourtant systématiquement démunie, épuisée, presque découragée.

La réalité, c'est que pour beaucoup d'entre nous, la cuisine est devenue une pression supplémentaire à porter au quotidien. Une pression qui nourrit le stress, accentue la fatigue et alimente cette sensation d'échec permanent quand on finit par improviser un repas rapide, souvent peu équilibré, avec ce sentiment désagréable de culpabilité.

Le Batchcooking, c'est quoi exactement ?

Le Batchcooking, c'est tout simplement cuisiner à l'avance plusieurs repas pour la semaine, sur un temps limité (généralement entre 2 et 3 heures). Le principe est clair : consacrer une fois par semaine un moment précis à préparer plusieurs plats, puis les stocker pour les consommer au fil des jours.

Pourquoi ça change tout pour une maman fatiguée ?

Gain de temps : cuisiner une seule fois pour plusieurs jours libère un temps précieux pour vous et votre famille.

Moins de stress : fini les questions anxiogènes chaque soir sur le choix du repas, tout est déjà prêt.

Une alimentation plus saine : anticiper permet de mieux équilibrer les menus, en ayant moins recours aux plats préparés ou aux repas improvisés.

Réduction du gaspillage alimentaire : achetez uniquement ce dont vous avez besoin, ce qui vous permet aussi de maîtriser votre budget.

Le Batchcooking est bien plus qu'une technique : c'est une façon de reprendre la main sur son quotidien.

J'ai découvert le Batchcooking presque par hasard, au détour d'une conversation avec une amie, elle-même maman débordée. Intriguée par la promesse d'une semaine plus sereine, j'ai tenté l'expérience.

J'étais enceinte, sans enfant à gérer encore, et même si je travaillais beaucoup, je pouvais déléguer le ménage, ce qui me laissait suffisamment de temps le week-end pour m'installer en cuisine plusieurs heures. Je me souviens très précisément de cette période : ma préoccupation première était d'offrir une alimentation saine et équilibrée à ce petit être qui grandissait en moi. Quelle satisfaction profonde je ressentais lorsque, une fois ma session de cuisine terminée, je contemplais tous ces plats colorés et appétissants alignés devant moi !

Aujourd'hui, je peux l'affirmer avec gratitude : le Batchcooking a changé mon quotidien. Il ne s'agit pas seulement d'économie, de temps ou d'argent. C'est avant tout un cadeau que je me suis fait à moi-même, celui de reprendre le contrôle, de réduire ma charge mentale et, surtout, de retrouver aujourd'hui le plaisir simple d'être présente avec ma fille sans la pression constante du repas à préparer.

Le Batchcooking et moi : un amour progressif

Je n'ai jamais vraiment pensé que cuisiner plusieurs repas à l'avance soit compliqué, d'autant plus qu'ayant cuisiné de cette manière enceinte, je partais en terrain conquis.

Oui, mais une fois devenue mère, la gestion du temps n'est plus du tout la même et je ne parvenais jamais à trouver ces deux heures à consacrer à la cuisine ! J'avais aussi une crainte plus subtile : et si cette organisation s'avérait finalement trop contraignante avec un bébé à gérer ? Je redoutais un peu d'ajouter une pression supplémentaire à mon quotidien déjà chargé.

Je n'ai repris la pratique du batchcooking qu'au moment de l'introduction de la diversification alimentaire, qui est intervenue plus tôt pour nous en raison de son reflux gastrique. Elle n'avait alors que 4 mois, mais pendant ses courtes siestes, ou lorsqu'elle était portée en écharpe, je pouvais tout à fait cuisiner.

J'ai commencé doucement en lui faisant ses premières purées en quantités que je pouvais ensuite congeler. Puis des plats un peu plus élaborés comme le risotto de petits pois aux lardons qu'elle adore encore !!

Progressivement, et au fur et à mesure qu'elle grandissait, j'ai élargi mes recettes, parfois même je me suis aventuré vers de nouveaux plats, des légumes que je n'avais pas l'habitude de cuisiner ou des mijotés dont les photos faisaient presque saliver. C'est dans cette progression que je me suis familiarisé peu à peu avec la technique du batchcooking, tout en étant maman. Au lieu de me lancer dans des recettes nouvelles et complexes trop rapidement, j'ai choisi de cuisiner à l'avance des plats familiers, ceux que je maîtrisais déjà bien et que ma fille appréciait. Cela simplifiait considérablement ma planification, rendait mes courses plus rapides et m'assurait de réussir cette première expérience sans stress.

Aujourd'hui, je choisis de préférence les week-ends où ma fille est en garde chez son père. J'ai besoin d'une concentration maximum quand je me lance dans plusieurs cuissons en même temps. Et je dois reconnaître que parfois mes séances de Batchcooking ressemblent bien plus à des épreuves de Master Chef ! Une fois les différentes cuissons lancées, c'est une attention constante, et un jonglage permanent entre casseroles et spatules ! Mais petit à petit, on prend ses marques, on découvre les astuces dont les sites spécialisés regorgent, et on gagne en confiance.

Rapidement, j'ai ressenti l'impact concret de cette organisation sur mon quotidien et ma santé mentale. D'autant plus qu'il arrive régulièrement que je ne trouve pas suffisamment de temps pour cuisiner le dimanche et je ressens alors considérablement la différence. C'est toujours un soulagement de ne pas avoir à improviser en urgence les repas du midi ou du soir ! Je me sens plus légère, détendue, et surtout plus disponible. Libérée de cette pression constante, j'ai davantage de temps à consacrer à ma fille le soir, pour jouer, discuter ou simplement profiter d'un moment doux ensemble. Et le midi, finie la perte de temps à réfléchir à ce que je vais manger, tout était déjà prêt, et attend d'être réchauffé.

Cette satisfaction simple, mais puissante, a véritablement amélioré mon quotidien. Mon énergie va là où elle est vraiment utile : à ma fille, à moi-même, à notre temps ensemble.

Les principes clés du Batchcooking sans prise de tête

1. Planifier les menus : une étape simple, mais indispensable

La planification est la clé d'un Batchcooking réussi. Mais rassurez-vous, rien de compliqué : il suffit de prendre 10 à 15 minutes, une fois par semaine, pour décider quels plats vous allez préparer. Pour démarrer, choisissez plutôt des recettes simples, aimées de tous, et privilégiez des ingrédients communs qui faciliteront votre préparation.

2. La liste de courses simplifiée : fini le stress du supermarché

Une fois vos menus établis, notez précisément les ingrédients nécessaires. Cette petite habitude va transformer votre expérience au supermarché : finis les hésitations, les courses interminables et les achats inutiles. Avec une liste claire et concise, vous savez exactement quoi acheter et vous réduisez naturellement le stress lié aux courses.

3. Organisation pratique : adoptez votre propre routine

Choisissez un créneau régulier qui s'intègre facilement à votre vie quotidienne : un dimanche après-midi, une soirée tranquille en semaine, ou encore un matin où les enfants sont occupés. Deux heures suffisent généralement pour préparer plusieurs repas. Trouvez la routine qui vous convient le mieux, sans pression ni perfectionnisme, et sans vous décourager. L'idée est d'en faire un moment agréable plutôt qu'une contrainte supplémentaire. Et si vous ne trouvez pas ce créneau chaque semaine, pas de stress, vous le trouverez sur la suivante.

En suivant ces trois principes simples, le Batchcooking deviendra vite une habitude libératrice qui allège votre quotidien, sans prise de tête !

Mes astuces concrètes pour lancer facilement une séance de Batchcooking

Préparer ses ingrédients

Avant de commencer votre session de Batchcooking, prenez le temps de sortir tous les ingrédients nécessaires. Cette préparation en amont vous permettra de vérifier que vous avez tout sous la main et d'éviter les interruptions pendant la cuisson. Cela facilite également la gestion des différentes étapes de préparation et réduit le stress lié aux oublis.

Ranger au fur et à mesure

Maintenir un plan de travail propre et ordonné est essentiel pour une cuisine efficace. En rangeant et nettoyant les ustensiles et surfaces au fur et à mesure, vous éviterez l'encombrement et travaillerez dans un environnement plus clair et donc moins stressant. Cette habitude vous fera gagner du temps lors du nettoyage final et rendra l'expérience de cuisine plus agréable. N'oubliez pas que vous aurez plusieurs recettes en tête, donc plusieurs temps de cuisson par exemple, ou plusieurs déroulés de recettes. Non seulement vous pouvez avoir besoin deux fois d'affilée d'un même ustensile, mais si vous laissez votre plan de travail encombré, vous risquez de vous y perdre dans le déroulé des recettes.

Cuisiner en grande quantité

Préparer des portions plus importantes de certains plats vous permet d'avoir des repas prêts à l'avance pour les jours suivants, voire les mois suivants. Par exemple, cuisiner une grande quantité de soupe ou de sauce que vous pourrez congeler en portions individuelles permettra d'avoir des repas à disposition les jours où vous manquez de temps ou d'énergie pour cuisiner.

Quels plats choisir ?

Optez pour des recettes simples, rapides à réaliser et surtout aimées par toute la famille : gratins, soupes, plats en sauce, lasagnes ou quiches. Ce sont des valeurs sûres qui se réchauffent bien et plaisent généralement beaucoup aux enfants.

Voici quelques idées de recettes simples et efficaces :

- Lasagnes à la bolognaise
- Gratin de pâtes au jambon et aux légumes
- Curry doux de poulet au lait de coco
- Soupe veloutée aux légumes de saison
- Chili con carne doux (adapté aux enfants)

Ces plats se conservent parfaitement et se réchauffent très bien, tout en restant gourmands et équilibrés. Gérez le stockage et la conservation simplement en répartissant vos préparations dans des contenants adaptés pour être placés directement au réfrigérateur ou au congélateur. Pensez à étiqueter vos plats avec la date de préparation pour une meilleure gestion. Ainsi, chaque repas devient une facilité absolue à servir et à déguster.

Je puise l'essentiel de mon inspiration et de ma motivation à cuisiner à travers les conseils et astuces de Nathalie Mertens, nutritionniste. Je l'ai découverte grâce à son site, nutri-momes.com. Une véritable mine d'astuces, de conseils nutritionnels et d'idées recettes adaptées aux enfants. Elle propose une approche pratique de l'alimentation familiale, avec des ressources précieuses comme ses fiches de menus hebdomadaires, ses recettes équilibrées, et ses conseils pour introduire les légumes de façon ludique.

Son travail m'a permis d'améliorer ma pratique du batchcooking, notamment en intégrant progressivement l'utilisation du **cuiseur-vapeur**, qu'elle recommande fréquemment pour préserver les nutriments tout en gagnant du temps en cuisine. Cet appareil présente l'avantage de cuire simultanément différents aliments.

J'ai eu la chance de l'interviewer dans le cadre de mon groupe privé Facebook [Les Mamans Phénix](#) (un espace d'échanges, de partage et de soutien destiné à toutes les mamans qui peuvent se sentir fatiguées ou épuisées). Au cours de cette interview, Nathalie Mertens nous a expliqué, notamment, comment, à travers sa pratique de psychomotricienne puis de nutritionniste, elle a pu constater l'impact de l'alimentation sur le comportement de l'enfant. Et notamment l'alimentation industrielle, souvent déséquilibrée au niveau nutritionnel et beaucoup trop riche en sucre. Le batchcooking vise justement à limiter le recours aux aliments ultra-transformés (comme les biscuits industriels ou les plats préparés) en privilégiant des repas faits maison, plus sains et équilibrés.

Faire du Batchcooking un moment pour soi

Lorsque je suggère le Bachcooking aux mamans que j'accompagne, j'entends parfois : « Passer deux heures en cuisine, ça ressemble plus à une corvée qu'à du temps pour moi ! » Pourtant, il suffit d'un léger changement de regard pour transformer radicalement cette expérience.

Oui, cuisiner peut être un moment rien qu'à vous. Plutôt que de voir la cuisine comme une corvée de plus à caser dans un emploi du temps déjà surchargé, on peut choisir de la vivre comme une parenthèse de calme. Un temps où vous reprenez la main sur votre organisation, où vous agissez concrètement pour alléger votre quotidien. C'est aussi un moment où vous vous reconnectez à vous-même, à vos intentions, à ce que vous voulez offrir à votre famille : de la stabilité, de la santé, et un peu plus de sérénité chaque jour. Avec un fond de musique ou dans le silence… ça devient un espace de décompression.

J'accorde aussi beaucoup d'importance à la pleine conscience dans ces moments-là. Cuisiner en pleine conscience, c'est choisir d'être pleinement présente à ce que l'on fait : sentir la texture des aliments sous ses doigts, écouter les bruits de cuisson, respirer les parfums qui s'élèvent. Cela permet de sortir du pilote automatique, de ralentir, et de transformer une tâche ordinaire en moment d'ancrage. Même une action répétitive comme éplucher des légumes peut devenir apaisante quand on s'y engage pleinement. C'est une manière douce de revenir à soi, de se recentrer, tout en préparant le quotidien.

Et si vous êtes plus à l'aise, pourquoi ne pas cuisiner avec vos enfants ? C'est du temps partagé, ludique et utile. Le batchcooking devient un moment de connexion. C'est une manière douce de les impliquer dans les tâches du quotidien tout en créant de jolis souvenirs. On coupe, on mélange, on goûte, on partage… et ce qui pouvait sembler être une contrainte devient soudainement un plaisir familial.

Vous verrez que rapidement, ce temps passé en cuisine deviendra un rendez-vous hebdomadaire précieux, où stress et fatigue laissent peu à peu la place à la détente, au partage, et au plaisir simple d'être ensemble ou avec soi-même.

Mais vous n'aimez peut-être pas cuisiner ? Alors avant de laisser derrière vous ce chapitre, laissez-moi vous préciser que le batchcooking ne demande pas d'aimer la cuisine, mais plutôt de chercher de l'efficacité. Il s'agit moins de « faire la cuisine » que d'optimiser un moment pour ne plus y penser ensuite. Vous n'avez pas besoin d'être passionnée, juste motivée par l'idée de vous simplifier la vie.

Pensez au batchcooking comme à un investissement ponctuel qui vous évite les corvées répétitives du quotidien. Mieux encore : en préparant des plats que vous connaissez, qui sont simples à faire et qui plaisent à votre famille, vous évitez les hésitations et les découragements. Et si vraiment vous rechignez à cuisiner, pourquoi ne pas le faire à deux ? Avec une amie, votre partenaire, ou même en suivant une vidéo pendant que vous préparez vos plats. Parfois, ce n'est pas tant la cuisine qu'on n'aime pas, mais la solitude ou la pression qui l'entoure.

En intégrant ces astuces à votre routine de Batchcooking, vous rendrez vos séances de cuisine plus efficaces, agréables et gratifiantes !

Témoignages

> « Je m'y suis mise il y a 1 an à peu près. L'idée c'est que je cuisine seule ou avec mes enfants le dimanche après-midi. 2 h de cuisine et tout est prêt pour la semaine (hors salade). J'ai investi dans des tupperwares en verre, indispensables ! Et c'est juste tellement libérateur le soir, je peux profiter d'eux sans me prendre la tête à savoir ce qu'on mange ! »
>
> Marjorie, maman de trois enfants

> « Je n'ai jamais aimé cuisiner, mais le batchcooking m'a réconciliée avec la cuisine. En préparant tout le dimanche matin, je ne pense plus aux repas de la semaine. Ça me libère la tête et me donne un vrai sentiment de contrôle. Et bonus, je mange mieux sans y passer plus de temps. »
>
> Sophie, maman de deux enfants

> « Ce que j'aime avec le batchcooking, c'est que je peux l'adapter à mes besoins. Je fais simple, sans pression, et je choisis des plats que mes enfants aiment. Avant, les soirs étaient chaotiques, maintenant je sais qu'on a toujours un repas prêt, et ça change tout dans l'ambiance familiale. »
>
> Aïcha, maman de deux enfants

Applications utiles pour le batch cooking

Batchii : https://batchii.fr — Propose des recettes adaptées au batch cooking avec listes de courses intégrées.

Frigo Magic : https://www.frigomagic.com — Génère des menus en fonction des ingrédients disponibles dans votre réfrigérateur.

My Recip Box : https://myrecipbox.com — Permet de planifier vos repas et de gérer vos recettes.

Conclusion

Le batchcooking n'est pas une mode. C'est une vraie solution pour réduire la charge mentale, retrouver du temps, manger mieux. C'est un outil au service des familles, et surtout des mamans souvent sur tous les fronts. En cuisinant une fois, vous vous offrez plusieurs soirées de tranquillité. Et ça, ça n'a pas de prix.

Mais au-delà de l'aspect pratique, le batchcooking peut devenir un levier de transformation dans votre quotidien. Il vous redonne du pouvoir dans un espace souvent source de tension : la cuisine. Il vous apprend à anticiper sans culpabilité, à prendre soin de votre santé et de celle de votre famille sans vous sacrifier.

C'est aussi un moyen d'oser lâcher prise sur la perfection. Chaque semaine ne sera pas identique, certaines seront plus faciles que d'autres. Mais chaque tentative est un pas de plus vers un quotidien plus apaisé, plus fluide, plus aligné avec vos besoins.

Que vous soyez débutante ou déjà convaincue, souvenez-vous : il n'y a pas de bonne ou mauvaise façon de batchcooker. Il y a juste celle qui vous convient, à vous, aujourd'hui.

Ce chapitre clôture la deuxième partie de ce livre : « L'organisation, un rempart contre le stress ». À travers l'amour de soi, le désencombrement, les to-do lists, les routines et enfin le batchcooking, nous avons exploré des outils concrets pour alléger le quotidien. Ces stratégies ne visent pas la perfection, mais une meilleure fluidité. Elles permettent de créer un environnement plus serein, plus fonctionnel, où l'on reprend peu à peu confiance dans sa capacité à faire face. Chacune de ces pratiques est un pas vers plus d'autonomie, plus de clarté, et surtout plus de respect envers soi-même.

À retenir : ce que change le batchcooking au quotidien

Quand la cuisine devient une pression de plus, le batchcooking offre une respiration. Il simplifie, anticipe, libère du temps et de l'espace mental.

Cuisiner une seule fois pour plusieurs jours permet de réduire le stress, d'améliorer l'alimentation, de limiter le gaspillage, et surtout de retrouver du plaisir à être pleinement présente.

Le batchcooking n'est pas une contrainte supplémentaire : c'est un investissement ponctuel pour alléger durablement ses soirées et se reconnecter à l'essentiel.

Planifier simplement, choisir des plats familiers, cuisiner en pleine conscience, ranger au fur et à mesure… autant d'astuces concrètes pour rendre cette pratique douce et efficace.

Le batchcooking n'a pas besoin d'être parfait pour changer la vie.

Chaque petit pas compte. C'est moins de charge mentale, plus de liberté, plus de temps pour ce qui compte vraiment.

PARTIE 3 :
ALLER VERS L'EPANOUISSEMENT

Après avoir identifié les sources d'épuisement et posé les bases d'une organisation plus sereine, il est temps d'ouvrir une nouvelle étape : celle de l'épanouissement.

Cette partie est dédiée au mouvement intérieur qui transforme la maternité subie en maternité vécue pleinement. Il ne s'agit plus seulement de tenir, mais de grandir. D'oser s'aimer, se respecter, se réinventer.

Aimer son enfant, oui. Mais s'aimer soi-même, aussi. Se reconnecter à son corps, à ses désirs, à ses besoins profonds. C'est à travers cette reconnexion que naît un lien parental plus juste, plus vivant. C'est là que l'on quitte la survie pour choisir, chaque jour, une maternité plus libre, plus alignée.

Les chapitres qui suivent vous guideront pas à pas pour inverser la spirale de l'épuisement et faire naître en vous une dynamique nouvelle : celle d'une femme, d'une mère, qui ose pleinement s'épanouir.

Chapitre 11 : Amour de soi et amour des autres

Aimer son enfant, ça semble évident. On l'aime de tout son cœur, parfois même au point de s'oublier soi-même. Et pourtant... il arrive qu'on se sente vide, à bout, dépassée. On culpabilise, on se demande pourquoi on n'y arrive pas toujours, pourquoi on s'énerve, pourquoi on doute.

Ce que beaucoup de mamans vivent sans toujours oser le dire, c'est ce tiraillement entre le désir de bien faire et la réalité intérieure, plus complexe, plus mouvante. On peut aimer profondément son enfant et, en même temps, se sentir perdue. C'est normal. Et c'est justement là que commence le sujet de ce chapitre.

Parce qu'avant de pouvoir aimer l'autre avec sérénité, il faut pouvoir s'aimer soi-même, un peu, beaucoup, ou au moins assez pour se sentir digne, légitime, et en paix. Ce n'est pas de l'égoïsme. C'est une base. Quand on se reconnecte à soi, qu'on écoute ses ressentis, qu'on prend soin de ses besoins et qu'on guérit ses blessures, la qualité du lien avec son enfant change naturellement. Ce chapitre est une invitation. Une pause pour réfléchir à ce qui se joue en soi, dans l'ombre de la relation avec son enfant. Une manière douce et honnête de remettre l'amour de soi au centre, non pas pour faire plus, mais pour faire autrement : avec plus de présence, plus de confiance, et plus de cœur.

Le reflet de nos émotions chez nos enfants

Dans ma pratique, j'ai reçu beaucoup de mamans qui venaient consulter pour des difficultés de comportement chez leur enfant. Elles parlaient de crises à répétition, d'oppositions, de réactions incompréhensibles. Et très souvent, au fil de l'entretien, on découvrait autre chose : un stress latent, une fatigue chronique, parfois des blessures anciennes jamais vraiment exprimées. Tout cela était là, en arrière-plan. Mais ce n'était pas toujours visible pour elles. Ou alors, juste un peu, sans vraiment y prêter attention.

C'est finalement très naturel. On se concentre sur l'enfant, on veut comprendre ce qui ne va pas chez lui, on veut l'aider. Mais ce qu'on oublie, c'est que **nos émotions, même silencieuses, ont un effet direct** sur lui. Les enfants ressentent, absorbent, traduisent à leur manière ce qu'ils perçoivent chez leurs parents. C'est une forme de **contagion émotionnelle** : l'impact de notre monde intérieur sur leur vécu à eux.

Ce que l'on vit — peur, stress, insécurité, doutes — peut traverser la relation sans qu'on le dise. Et l'enfant, avec sa sensibilité, y répond à sa façon. Ce sont des éponges émotionnelles, sensibles à chaque variation de notre humeur. Il ne comprend pas toujours ce qui se passe, mais il réagit. Il peut devenir agité, s'opposer, se replier ou chercher à contrôler. Non pas pour embêter, mais pour exprimer ce qu'il ne sait pas formuler autrement. Il exprime ce que nous, parfois, nous avons appris à taire.

Par exemple, une maman qui traverse une période de grande anxiété, même si elle reste très présente et attentive, peut malgré elle transmettre cette tension. L'enfant peut alors se montrer plus nerveux, plus instable, comme s'il essayait de « gérer » quelque chose à sa place. Ce n'est pas une faute ni un échec. C'est un signal. Un reflet fidèle de ce que nous portons en nous, et un rappel que notre stress, même discret, teinte notre manière d'être là.

Plus on prend conscience de ce que l'on vit intérieurement, plus on peut en limiter l'impact sur la relation avec notre enfant. La clé réside ici dans l'estime et le respect de soi, qui vont nous aider à reconnaître ce qu'on ressent sans se juger et sans juger son enfant.

C'est un processus, pas une perfection. Mais chaque petit pas vers plus de conscience de soi rend l'espace relationnel plus sain, plus clair, plus respirable. Pour nous... et pour eux. C'est ainsi qu'on brise le cercle de la répétition. Et qu'on ouvre la voie à une relation plus authentique, libre et épanouissante. Une relation où chacun peut être lui-même, sans devoir porter ce qui ne lui appartient pas.

Les comportements d'opposition comme miroir des émotions maternelles

Dans les consultations, un des motifs les plus fréquents concerne les problématiques éducatives. Avec une question qui revient souvent : « *Pourquoi mon enfant me provoque tout le temps ?* ». Derrière cette impression de confrontation permanente, il y a souvent une maman qui se sent mise à l'épreuve, usée par les refus, les crises, les limites sans cesse repoussées.

Mais quand on prend le temps d'observer ce qui se joue en profondeur, on se rend compte que **ces comportements d'opposition ne sont pas des attaques personnelles**. Ils sont des réponses émotionnelles. Des échos, souvent très justes, à ce que vit la maman, même inconsciemment.

J'ai vu de nombreuses fois des enfants en forte opposition s'apaiser lorsque leur mère retrouvait un espace à elle, où elle pouvait exprimer ses doutes, sa colère, ou simplement souffler. Parce que l'enfant n'a pas les mots pour dire : « Maman, je te sens tendue », il agit. Il teste. Il cherche les limites, non pour dominer, mais à la fois pour trouver un cadre solide qui le rassure et pour capter enfin l'attention de sa maman qu'il ne perçoit plus. C'est comme un appel à l'aide ou une manière de dire : « Maman, quelque chose ne va pas » ? Une tentative maladroite de demander de l'attention, quitte à ce que celle-ci soit négative ! Ils agissent comme un miroir, parfois douloureux, mais précieux, de notre propre état intérieur.

Parfois, ce sont aussi des enfants qui absorbent trop de choses. Prenons l'exemple d'une maman qui doute beaucoup d'elle-même. Elle veut bien faire, elle s'investit énormément, mais elle se sent souvent « pas assez » : pas assez patiente, pas assez disponible, pas assez bien. Elle culpabilise dès qu'elle élève la voix, se juge à chaque imperfection, et s'oublie totalement pour répondre aux besoins de son enfant.

À première vue, elle donne tout. Elle est présente, aimante, attentive. Mais en profondeur, cette culpabilité constante et ce manque d'estime d'elle-même créent une tension diffuse. Une forme d'instabilité intérieure que l'enfant perçoit, même s'il ne sait pas la nommer.

Et alors, il peut commencer à réagir : il devient plus exigeant, plus opposant, ou au contraire, plus anxieux. Il pleure plus facilement, refuse de se séparer, réclame une attention continue. Non pas parce qu'il est « capricieux », mais parce qu'il ressent que quelque chose vacille dans le lien. Il tente de combler un vide ou de stabiliser une relation qu'il sent fragile. À sa manière, il essaie de comprendre ce qu'il se passe, de rééquilibrer une dynamique qu'il ne maîtrise pas.

Ce n'est pas une volonté consciente de sa part. C'est une réponse intuitive, émotionnelle, à un climat intérieur qu'il absorbe malgré lui. L'enfant agit alors comme un baromètre affectif, exprimant ce que sa mère n'ose parfois même pas se dire à elle-même.

L'impact de ces émotions sur l'enfant est considérable. Il peut se sentir incompris, injustement critiqué ou même responsable des émotions négatives de sa mère **ou de son père.** Car il est important de le rappeler : ce poids émotionnel ne repose pas uniquement sur les épaules des mères. Les pères, eux aussi, portent, transmettent, influencent. Leur manière d'être présents, d'écouter, de gérer leurs propres tempêtes intérieures peut tout autant toucher l'enfant. Un regard absent, une colère rentrée, une tendresse trop retenue… tout cela laisse une trace.

L'enfant ne fait pas la différence entre maman ou papa quand il s'agit de sécurité affective. Il ressent. Il absorbe ce qui circule entre les adultes qui l'entourent. Ce chapitre s'adresse aux mères, mais il aurait tout autant de sens pour les pères, car aimer un enfant, c'est aussi se regarder avec honnêteté, qu'on soit mère ou père.

Ces dynamiques, si elles se répètent, peuvent provoquer de l'anxiété, un sentiment d'insécurité affective, une baisse de l'estime de soi, et à terme, des difficultés relationnelles. Oser regarder en soi pour identifier nos propres états émotionnels permet non seulement de s'en libérer, mais également d'en épargner nos enfants. Cela peut demander un travail personnel : revisiter son histoire familiale, identifier les douleurs passées encore actives et apprendre à mieux comprendre nos réactions. C'est souvent de cette manière que l'on peut faire de la place à l'enfant tel qu'il est vraiment et briser ainsi le cercle de la répétition. Pour ouvrir la voie à une relation plus authentique, libre et épanouissante.

Ce regard change tout. Il permet de sortir de la logique punitive pour entrer dans une posture de décodage. **« Qu'est-ce qu'il essaie de me dire à travers ce comportement ? »** devient une question centrale. Et souvent, la réponse est autant du côté de l'enfant… que de celui de la maman.

Le cercle vicieux des conflits relationnels

Dans les familles que j'accompagne, je vois souvent ce même scénario : un enfant qui s'oppose, une maman qui s'épuise à répéter, les tensions qui montent, une explosion... puis la culpabilité qui s'installe. Et le lendemain, tout recommence, parfois à l'identique. C'est un cercle vicieux, dans lequel beaucoup de mères se sentent piégées, malgré toute leur bonne volonté.

Ce cercle ne naît pas d'un manque d'amour ou d'implication. Il prend racine dans une fatigue profonde, souvent cumulée depuis longtemps, et dans une culpabilité tenace qui s'infiltre dès qu'on a l'impression d'avoir « mal réagi ». Et c'est là qu'un autre phénomène très fréquent apparaît : les **incohérences éducatives**.

Je le constate régulièrement : après une crise, une réaction excessive, un cri ou une sanction qu'on regrette, la maman culpabilise. Elle se sent coupable d'avoir été « trop dure », de ne pas avoir su gérer. Et pour compenser ce malaise intérieur, elle va parfois, sans s'en rendre compte, faire l'inverse le lendemain. Être plus souple, plus permissive, « laisser passer »... comme pour réparer, pour se rassurer, ou pour retrouver l'image d'une « bonne mère ».

Mais ce mécanisme de compensation rend alors les messages éducatifs confus pour l'enfant. Pour un même comportement, il ne reçoit pas la même réponse. Un jour, sa mère se fâche, l'autre jour elle reste calme et compréhensive. Non pas parce qu'elle change d'avis, mais parce qu'elle n'est pas dans le même état émotionnel.

L'enfant, lui, ne peut pas deviner ce qu'il y a derrière. Il ne sait pas que sa maman est rentrée épuisée la veille, ou qu'elle culpabilise encore aujourd'hui. Il perçoit simplement des signaux contradictoires. Et cela peut le déstabiliser, renforcer ses comportements d'opposition, ou au contraire le rendre anxieux, car les repères changent selon l'état émotionnel de l'adulte.

Ce n'est pas un jugement, c'est une réalité très fréquente. Et la clé pour en sortir, ce n'est pas de devenir une mère parfaitement constante (ça n'existe pas), mais de commencer par reconnaître ce qui se passe en soi : « Est-ce que je réagis ainsi parce que je suis en colère ? Parce que je me sens coupable ? Est-ce que mon message éducatif est clair ? »

Dans ces situations, ce qui manque le plus souvent, ce sont des **ressources internes disponibles** : du calme, de la clarté intérieure, un minimum de repos émotionnel. Quand ces ressources sont absentes, les tensions prennent le dessus. La réaction de l'adulte devient instinctive, dictée par l'émotion du moment plutôt que par une intention éducative posée. Revenir à soi, c'est donc aussi **reconstituer ce réservoir intérieur** que la fatigue, la culpabilité ou le stress ont peu à peu vidé. C'est recréer en soi un espace de calme, de solidité, de souffle. Parce qu'un enfant a besoin d'un adulte qui puisse être son repère : un point d'ancrage stable, capable d'accueillir ses émotions sans vaciller à chaque tempête.

Quand notre propre réservoir est vide, chaque demande de l'enfant devient une épreuve, chaque crise un fardeau. Nos réactions deviennent alors impulsives, dictées par l'épuisement plutôt que par l'intention. Mais quand on prend soin de soi — même un peu —, on retrouve cette disponibilité intérieure qui permet d'écouter, de poser des limites claires, d'apaiser sans s'effondrer.

Ce retour à soi permet de reprendre une cohérence intérieure, et donc une cohérence éducative. Il ne s'agit pas d'être rigide, mais d'être **alignée**. Et cela, l'enfant le ressent profondément : il comprend alors que les limites sont posées non pas en fonction de l'humeur du jour, mais dans un cadre sécurisant, stable et fiable.

Retour à soi : clé pour rompre le cercle vicieux

Il y a un moment particulier que j'observe souvent en thérapie : celui où la maman se remet au centre, non pas de tout, mais d'elle-même. Ce moment où elle accepte de regarder ce qu'elle ressent, ce qu'elle vit, sans fuir, sans juger. Et à partir de là, quelque chose bascule.

Parce qu'on l'oublie trop souvent : une maman n'est pas qu'un « pilier » pour son enfant. Elle est aussi une femme avec une histoire, des blessures, des rêves mis de côté, des peurs qu'elle cache pour tenir. Revenir à soi, ce n'est pas se décentrer de son enfant. **C'est se recentrer pour mieux se relier à lui.**

Ce retour à soi demande du courage. Il peut passer par un accompagnement thérapeutique, par un moment de silence, par une prise de conscience simple, mais forte : « Je ne peux plus tout porter seule. » Il implique souvent de revisiter son histoire familiale, de reconnaître ses blessures d'enfance, ses modèles éducatifs hérités... pour ne plus les transmettre, inconsciemment.

C'est un chemin vers l'amour de soi, mais pas celui qu'on trouve dans les livres à phrases toutes faites ou dans les slogans motivants qu'on croise sur les réseaux sociaux. Pas cet amour idéalisé qui semble toujours hors de portée, réservé à celles qui auraient tout réglé, tout compris.

L'amour de soi dont il est question ici est concret, imparfait, vivant. C'est celui qui, dans le tumulte du quotidien, ose dire : « Je mérite du repos », même quand la liste des tâches n'est pas terminée. Celui qui murmure : « J'ai le droit de ne pas y arriver », sans sombrer dans la honte. Celui qui reconnaît : « J'ai besoin d'aide », sans croire que cela diminue sa valeur. C'est une forme de tendresse discrète pour soi-même, un choix répété chaque jour, parfois dans des gestes minuscules : se reposer au lieu de se surmener, dire non sans se justifier, écouter ses limites au lieu de les nier.

Et c'est dans cet espace-là, réel et humain, que l'enfant commence aussi à changer. Parce qu'il ne voit pas seulement ce qu'on lui dit. Il ressent ce que l'on vit. Il sent que sa maman prend soin d'elle, il voit qu'elle peut pleurer sans honte, se poser des limites sans culpabilité. Il devient un enfant qui apprend, lui aussi, à respecter ses émotions. À ne pas porter ce qui ne lui revient pas. À se sentir libre d'être lui-même.

Ce retour à soi est tout sauf égoïste. Il est la condition même d'une relation vivante, saine, et profondément humaine.

Conclusion

L'épanouissement de son enfant, c'est ce que toutes les mamans veulent. Mais on oublie souvent que pour aimer pleinement, il faut avoir un peu d'amour pour soi. Pas un amour parfait ni un amour théorique — juste une manière d'être en lien avec soi-même, avec ses émotions, ses limites, ses besoins.

L'amour de soi, c'est cette base intérieure qui permet de ne pas se perdre dans l'exigence. C'est ce qui aide à poser des limites sans crier, à accueillir les tempêtes sans s'effondrer, à entendre les oppositions de l'enfant sans y répondre par la dureté.

S'aimer davantage, ce n'est pas devenir quelqu'un d'autre. C'est apprendre à se reconnaître telle qu'on est, même dans les jours où tout vacille. C'est oser se dire : « Je fais de mon mieux », même quand le doute murmure le contraire. S'autoriser à être fatiguée, imparfaite, humaine. C'est écouter ses besoins sans se traiter d'égoïste, poser des limites sans culpabiliser, demander du soutien sans se juger faible. S'aimer, c'est finalement se traiter avec le même respect, la même tendresse qu'on veut offrir à son enfant.

Quand une mère commence à s'aimer un peu plus, à se respecter, à s'écouter, c'est tout le climat de la maison qui change. L'enfant, lui, le ressent. Il se sent plus en sécurité, plus libre d'être lui-même. Il peut grandir avec cette idée précieuse : « Je suis aimé pour ce que je suis, et j'ai le droit moi aussi d'être imparfait. »

C'est dans cette ambiance que l'enfant s'épanouit : quand l'amour circule dans les deux sens, sans pression, sans perfection, mais avec beaucoup de cœur. Et cela commence par vous. Par votre propre regard sur vous-même. Parce que quand on se traite avec tendresse, on montre à son enfant, sans même le dire, comment faire pareil.

À retenir : ce que transforme l'amour de soi dans la relation parent-enfant

- Aimer son enfant profondément ne suffit pas toujours à alléger la fatigue, la culpabilité ou les doutes intérieurs.
- Nos émotions — même silencieuses — traversent la relation. Les enfants, véritables éponges émotionnelles, perçoivent nos tensions, nos insécurités, et y répondent souvent par de l'opposition ou de l'instabilité.
- Quand on se respecte, qu'on écoute ses besoins, qu'on soigne ses blessures, la qualité du lien avec son enfant change naturellement : il se sent plus sécurisé, plus libre, plus lui-même.
- S'aimer davantage, c'est offrir à son enfant un modèle vivant d'acceptation de soi, de respect de ses émotions, de limites saines et de tendresse au quotidien.
- L'amour de soi n'est pas une option. C'est la base d'une parentalité apaisée. Chaque geste d'attention envers soi-même ouvre de l'espace pour une relation plus authentique, plus sereine, plus vivante.

Chapitre 12 : être un modèle pour son enfant

On pense souvent que ce qui guide un enfant, ce sont les mots qu'on lui adresse, les règles qu'on lui donne, les explications qu'on lui répète. Et bien sûr, cela compte. Mais ce n'est pas l'essentiel. Ce qui construit l'enfant profondément, ce qui l'inspire, ce qui le rassure, c'est l'exemple que l'on incarne au quotidien.

Il apprend en nous regardant. Il observe nos réactions : notre manière de parler à une caissière quand il y a de l'attente, notre façon de saluer le voisin grincheux, notre comportement face à un problème de voiture ou à une mauvaise nouvelle.

C'est là, dans ces petits instants anodins, qu'il se construit : pas dans les discours, mais dans l'expérience partagée, répétée, vécue.

Ce chapitre explore cette idée simple, mais essentielle : **on transmet bien plus par ce que l'on est et fait que par ce que l'on dit**. Être un modèle, ce n'est pas être parfait. C'est être cohérent. C'est oser être humain, et avancer avec sincérité. C'est aussi, et surtout, apprendre à se respecter soi-même pour transmettre à l'enfant un respect profond de lui-même. Ce que l'on se donne — écoute, douceur, limites — devient pour lui une permission intérieure : celle de s'aimer et de se respecter à son tour.

Le sens profond d'être un modèle

Un enfant apprend par imitation. C'est une vérité que je retrouve dans toutes les familles que j'accompagne : ce ne sont pas les injonctions qui marquent l'enfant, ce sont les gestes du quotidien, les réactions spontanées, les émotions exprimées ou étouffées, les conflits gérés ou évités.

Quand une maman prend le temps de respirer avant de répondre, son enfant enregistre cette manière d'accueillir l'émotion. Quand elle ose dire qu'elle est fatiguée sans culpabiliser, il comprend qu'il a lui aussi le droit d'avoir des limites. Quand elle demande pardon après s'être emportée, il apprend que la relation peut se réparer.

Ce sont ces petits moments-là qui, mis bout à bout, deviennent un cadre de référence pour l'enfant. Il observe comment on gère la frustration, la colère, le stress. Il s'inspire de notre façon de nous exprimer, de poser des limites, de dire non, de dire oui, de dire stop. C'est en vivant avec nous qu'il construit peu à peu son monde intérieur. Chaque regard, chaque geste, chaque réaction que nous avons laisse une empreinte discrète en lui. Il apprend ce qu'est l'amour en voyant comment on accueille ses émotions. Il apprend ce qu'est la confiance en observant comment on se relève après une difficulté. Il apprend la colère, la joie, la patience, la peur, non à travers des leçons, mais à travers notre manière d'être, jour après jour.

Sans même que nous en ayons conscience, nous dessinons les premières cartes de son paysage intérieur : comment il se parlera à lui-même, comment il aimera, comment il fera face aux tempêtes de la vie.

Et c'est là qu'il se construit : pas dans les discours, mais dans l'expérience partagée, répétée, vécue.

Être un modèle, ce n'est donc pas seulement montrer de la confiance en soi ou donner le bon exemple pour « plus tard ». C'est aussi, très concrètement, montrer à son enfant comment on traverse les moments difficiles : comment on parle quand on est en colère, comment on gère sa fatigue sans exploser, comment on se reprend après avoir dépassé ses limites. C'est lui montrer, en actes, qu'il est possible d'avoir des émotions fortes sans perdre le lien, sans se renier ni renier l'autre.

Cela peut paraître vertigineux — et parfois, ça l'est. Mais ce n'est pas une pression de plus. Au contraire : c'est une invitation à revenir à soi. À prendre soin de notre propre manière d'être, non pour cocher des cases, mais pour que notre manière d'agir soit en accord avec ce que l'on souhaite transmettre.

Être un modèle, ce n'est pas jouer un rôle. C'est **se donner la permission d'être vrai**, de faire des erreurs, de les reconnaître, et de continuer à avancer. C'est cette sincérité-là que les enfants retiennent. Et c'est elle qui leur facilite, qui les guide pour plus tard, vers un devenir d'adultes eux-mêmes plus conscients, respectueux, et capables d'amour, tout comme de rebondir après des échecs ou des désillusions.

Les « outils » d'une parentalité sereine

Aujourd'hui, les parents ont accès à une quantité impressionnante d'informations : livres, podcasts, comptes Instagram, méthodes éducatives, outils pour mieux communiquer… Et si cette richesse peut être précieuse, elle peut aussi devenir source de pression. Beaucoup de mères me confient se sentir perdues face à toutes ces injonctions contradictoires : il faudrait toujours rester calme, parler avec bienveillance, poser des limites claires sans jamais hausser le ton… et surtout, ne jamais se tromper.

Comme Charlène qui me confiait qu'après un parcours du combattant et 14 ans d'attente avant d'être enfin mère : « *Pendant 14 ans on a le temps de se demander quels parents on veut être, quelle éducation on veut donner. On a le temps de s'informer, de lire, d'écouter des conférences. Et finalement, la parentalité qu'on a construite au cours de ces 14 années, n'a rien à voir avec la réalité !* ».

Cette surinformation crée parfois plus de **culpabilité que de soutien**. Pire encore, elle nous éloigne peu à peu de notre intuition, celle qui reste pourtant notre meilleure boussole. À force de vouloir bien faire selon des modèles extérieurs, on en vient à douter de son propre ressenti, à étouffer cette voix intérieure pourtant précieuse pour guider notre relation avec notre enfant.

Car si l'on n'a pas les ressources intérieures pour appliquer ces beaux principes, on se sent vite inadéquate. On se dit : « Je devrais y arriver, pourquoi je n'y arrive pas ? » Mais personne ne parle assez de ce qui est pourtant fondamental : les outils ne fonctionnent pas si l'on est intérieurement à bout.

Avant d'adopter des techniques éducatives, il est essentiel d'engager une transformation plus intime comme on l'a vu dans le chapitre précédent : **se reconnecter à soi**, retrouver un peu d'amour et de douceur envers soi-même. C'est cela qui rend ensuite possible une parentalité plus sereine. Pas l'inverse.

Concrètement, cela peut passer par des choses simples :

- S'autoriser à prendre du temps seule sans culpabilité, comme sortir marcher 15 minutes après le dîner pendant que les enfants jouent, même si la vaisselle n'est pas faite.
- S'observer avant de réagir, par exemple sentir que son cœur s'accélère face à une crise de l'enfant, et choisir de se taire quelques secondes avant de répondre.
- Apprendre à respirer avant de répondre, comme inspirer profondément trois fois en essayant de retrouver un calme intérieur.
- Reconnaître ses limites sans honte, en disant simplement : « Je suis trop fatiguée pour jouer maintenant », au lieu de forcer et de s'imposer.

- Demander de l'aide, que ce soit à une amie, à une grand-mère, ou même à son enfant : « Est-ce que tu peux m'aider à mettre la table aujourd'hui ? »
- Oser dire « je ne suis pas bien » au lieu de tout encaisser en silence, en expliquant : « Aujourd'hui, j'ai un chagrin, ce n'est pas de ta faute, j'ai juste besoin d'un moment calme. »

Ce ne sont pas des astuces. Ce sont des gestes de **présence à soi** qui permettent de sortir du mode réaction pour entrer dans une posture d'accueil. Et c'est là que les principes éducatifs prennent tout leur sens, naturellement, sans forcer.

Un point essentiel ici est le fait de **se pardonner, de s'accepter**, surtout quand on n'a pas su faire autrement. Il ne s'agit pas seulement de se pardonner ce qui n'a pas été aligné avec nous même dans la relation à l'enfant, mais tout ce qui par le passé ou dans le présent peut alimenter de la culpabilité dans notre vie. C'est ce qui permet de sortir du cercle vicieux de la pression — un thème que nous avons abordé dans le chapitre 5. Moins on se juge, plus on est libre intérieurement. Et moins on a besoin de projeter, à notre insu, sur son enfant ses propres désirs frustrés, ses peurs, ou ses exigences de réussite. On cesse de faire de l'enfant le réceptacle de ce que l'on n'a pas pu être ou vivre soi-même. Car ces projections, même silencieuses, pèsent lourd. Elles créent une pression invisible qui peut étouffer l'enfant, le couper de ses propres désirs, le pousser à vouloir répondre à des attentes qui ne sont pas les siennes.

Par exemple, une mère qui, par blessure de ne pas avoir pu faire d'études, pousse inconsciemment son enfant à « réussir à tout prix », sans voir que cet enfant rêve peut-être d'un chemin différent. Ou encore, un parent qui, par peur de l'échec, surprotège son enfant, l'empêchant d'explorer et de se tromper, alors que c'est justement dans l'essai et l'erreur que l'enfant construit sa confiance.

Sans le vouloir, sans le savoir parfois, on risque alors de transmettre non pas un élan de vie, mais une peur de décevoir. Un enfant qui grandit sous ce regard projeté ne s'autorise pas à être pleinement lui-même. Il apprend à plaire avant d'apprendre à se connaître. Reconnaître et apaiser ses propres blessures est donc un acte profondément libérateur, pour soi comme pour son enfant.

Quand une maman commence à s'accueillir elle-même, à se libérer un peu de la culpabilité, elle devient plus disponible, plus calme, plus souple. Pas parfaite, mais présente. Et cela, l'enfant le sent. Il se sent reconnu, compris, moins jugé. Il teste moins, s'oppose moins, parce qu'il sent que le lien est là, solide et respirant.

Avant toute méthode, il y a une posture. Avant toute stratégie éducative, il y a la qualité de présence. Et cette qualité commence par l'amour de soi.

Le cercle vertueux

Quand une mère commence à aller un peu mieux, ça change tout. Pas seulement pour elle, mais aussi pour son enfant. Ce qu'on observe très souvent — et que j'ai vu de nombreuses fois en accompagnement — c'est ce mouvement réciproque, ce **cercle vertueux** qui peut s'enclencher.

Une maman qui prend soin d'elle, qui se parle avec plus de douceur, qui apprend à poser ses limites avec calme... devient peu à peu un repère plus stable. Elle se sent moins coupable, moins submergée. Elle commence à respirer un peu plus. Et cette respiration-là, l'enfant la ressent.

Face à une mère plus présente, plus alignée, l'enfant n'a plus besoin de tester autant. Il sent qu'il n'a pas à provoquer pour être entendu. Il peut relâcher la pression. Et très souvent, les comportements d'opposition diminuent, la coopération revient, le lien se renforce. Pas parce qu'on a « appliqué une méthode », mais parce qu'on a **changé de posture intérieure**.

Et ce changement chez l'enfant agit à son tour sur la mère : les tensions retombent, la relation devient plus fluide, les moments partagés redeviennent agréables. Cela donne confiance, cela renforce la sensation de compétence, cela **alimente l'envie de continuer à prendre soin de soi**, car on en ressent les effets concrets dans la relation.

C'est un cercle qui se nourrit de l'intérieur : plus je me sens en paix avec moi-même, plus je peux accueillir mon enfant tel qu'il est. Plus je l'accueille, plus il se sent sécurisé. Plus il est sécurisé, plus la relation s'apaise. Et plus la relation s'apaise… plus je me sens capable, légitime, sereine.

Et au-delà de la relation mère-enfant, ce chemin vers un mieux-être personnel ouvre aussi une perspective nouvelle sur sa propre vie. Être parent n'efface pas nos rêves, nos désirs de construction ou d'évolution. Il n'est jamais trop tard pour réaliser ses propres projets, nourrir ses envies, avancer sur son propre chemin. Et là encore, l'enfant observe. Il voit une maman qui vit, qui crée, qui se réalise. Et cela, c'est peut-être le plus beau modèle qu'on puisse lui transmettre.

Aujourd'hui, je ressens une immense gratitude pour les difficultés que j'ai traversées dans mon couple. Sans elles, je ne serais pas là, devant mon ordinateur, à vous écrire. Sans elles, je n'aurais jamais pris la pleine mesure de ma force, de mon courage, ni de cette résilience qui me porte chaque jour un peu plus loin.

Ces cercles vertueux ne se construisent pas en un jour. Ils commencent souvent par un petit pas, un ajustement discret, une prise de conscience. Mais ils grandissent avec la régularité, avec l'attention portée à soi. Et ils rappellent une chose précieuse : **le lien se transforme quand on se transforme soi-même**.

Aujourd'hui, ce chemin, je le vis pleinement à travers ce projet de livre, dans lequel ma fille m'accompagne. Elle me demande régulièrement : « T'en es à quel chapitre, maman ? » et célèbre chaque avancée avec un enthousiasme contagieux. Ses nombreux « Bravo maman ! » me touchent profondément et me donnent des ailes. Elle est ma muse, celle qui m'a soufflé l'élan de transformer une épreuve de vie en projet. Il m'arrive parfois de lui dire : « Je suis désolée, aujourd'hui je ne peux pas m'installer avec toi pour regarder un dessin animé, il me reste encore quelques pages à écrire. »

Et elle comprend.

Elle voit.

Elle apprend.

Elle ne reçoit pas seulement des mots d'encouragement, elle vit au quotidien l'expérience d'une maman qui construit, qui persévère, qui transforme ses blessures en création.
Et sans que je cherche à lui transmettre quoi que ce soit, je lui montre qu'il est possible de faire naître de la beauté même à partir des épreuves.

C'est cela, être un modèle vivant. Non pas être parfait. Mais montrer, jour après jour, qu'il est possible d'aimer, de trébucher, de recommencer, et de continuer à avancer.

Conclusion

Être un modèle pour son enfant ne signifie pas incarner une version idéalisée de soi-même. Cela veut dire être vivant, humain, cohérent. Oser montrer comment on avance avec ses limites, comment on gère ses émotions, comment on apprend, comment on évolue. C'est tout ça, au fond, qui inspire et sécurise un enfant : voir son parent engagé dans un chemin sincère.

En mettant en pratique l'amour de soi, en osant ralentir, s'observer, se pardonner, on donne à l'enfant des repères puissants, bien plus durables que des discours. On lui apprend par l'exemple qu'il peut lui aussi s'aimer, se tromper, recommencer, grandir.

Et c'est peut-être là l'essentiel : transmettre, non pas un modèle figé, mais une dynamique vivante, dans laquelle chacun — parent et enfant — peut apprendre à être bien avec soi, et mieux avec l'autre.

Être un modèle pour son enfant, ce n'est pas lui montrer comment être parfait : c'est lui montrer comment être vivant, aimer, tomber, se relever et continuer à choisir la vie, chaque jour.

À retenir : comment être un modèle pour son enfant

- L'enfant apprend en nous regardant vivre, pas en écoutant nos discours.
- Être un modèle, c'est être humain, cohérent, vivant.
- Se respecter soi-même, c'est lui apprendre à se respecter.
- Moins on projette sur lui, plus il peut devenir lui-même.
- Ce qui inspire vraiment : voir un parent avancer, aimer, tomber, et se relever.

Chapitre 13 : Vivre une maternité épanouissante

Et si la maternité n'était pas synonyme de renoncement, mais de renaissance ?

Et si au lieu de s'oublier, on pouvait se (re)trouver à travers elle ? Trop souvent encore, la maternité est associée à l'idée de sacrifice total : une mère serait bonne si elle s'efface, si elle donne tout, si elle ne pense plus à elle.

Mais cette vision pèse lourd. Elle use, elle enferme, elle isole. Et surtout, elle prive la relation mère-enfant d'une énergie essentielle : la joie. Car oui, on peut aimer son enfant profondément et avoir envie, aussi, de continuer à se développer, à rêver, à exister pleinement comme femme.

Dans ce chapitre, j'ai envie de vous inviter à regarder la maternité autrement. Non comme une série de devoirs à cocher, mais comme un espace de croissance, de lien et d'équilibre. Une maternité où l'amour de soi a toute sa place. Une maternité vivante, humaine, possible.

Ce chapitre prolonge le précédent : après avoir exploré l'importance d'être un modèle pour son enfant à travers l'amour de soi, nous allons voir ici comment cet amour est aussi la clé d'une maternité épanouissante.

Ce n'est pas une recette. C'est une invitation à vous reconnecter avec une maternité pleine de sens, de douceur… et de liberté. La liberté de rester vous-même tout en étant mère, de choisir votre rythme, d'honorer vos besoins sans culpabilité, pour inventer une maternité qui vous ressemble.

L'Amour de soi : le pilier d'une maternité épanouie

L'amour de soi n'est pas une idée abstraite. On le comprend parfois mieux sous le terme d'*estime de soi*. C'est une attitude intérieure qui influence directement la façon dont on vit sa maternité. Une mère qui s'accorde de la valeur, qui prend soin de ses besoins, qui se respecte, transmet à son enfant un modèle solide. Et surtout, elle vit sa parentalité avec plus de stabilité émotionnelle.

Quand une mère s'aime suffisamment, elle ne cherche pas à tout contrôler. Elle accepte ses imperfections. Elle ne se juge pas à chaque faux pas. Elle devient capable de poser des limites sans se sentir coupable, de dire non avec calme, de dire oui avec conscience. Elle n'a pas besoin d'en faire trop pour se sentir légitime.

L'amour de soi agit comme un régulateur interne : il protège du surmenage, du surcontrôle, et de cette tendance à vouloir prouver qu'on est une « bonne mère » à chaque instant.

Voici quelques gestes simples, mais puissants pour cultiver cet amour de soi au quotidien :

Se réserver des moments réguliers pour soi, même courts : Chaque matin, savourer un café chaud en silence avant le réveil des enfants.

Accueillir ses émotions sans se juger : Quand la colère monte, se dire « C'est normal, je suis épuisée aujourd'hui » sans culpabiliser.

Pratiquer l'autocompassion plutôt que l'autocritique : Après une dispute, se répéter « J'ai fait de mon mieux dans ce contexte difficile. »

Fixer des limites claires et s'y tenir : Refuser une deuxième sortie en journée pour préserver son énergie, même si cela déçoit quelqu'un.

Accepter de déléguer et de demander de l'aide : Demander à son conjoint de gérer le bain des enfants deux soirs par semaine.

Se parler intérieurement comme on parlerait à une amie : Remplacer « Je suis nulle » par « Je traverse une période intense, je fais de mon mieux ».

Ces petites habitudes, répétées chaque jour, nourrissent l'estime de soi et construisent un terrain plus sain pour une maternité vivante, joyeuse et alignée avec ses propres valeurs.

J'ai moi-même connu ce chemin, lent et fragile, vers une forme d'amour de soi. Au début, c'était comme si je revenais lentement à la vie après une longue période de suffocation. Je n'avais plus cette énergie illimitée que je pensais acquise avant, mais j'ai découvert quelque chose de plus précieux : la volonté de me redonner du temps, de prendre soin de moi.

Le travail de reconstruction a commencé par des gestes minuscules. Un café chaud bu en silence. Une promenade seule. Fermer les yeux pendant quelques minutes pendant que mon bébé dormait. C'était tout, mais c'était déjà énorme. J'ai appris à dire non. Et chaque non adressé à l'extérieur devenait un oui pour moi.

Puis, il y a eu cette reconquête intime de mon corps. Il n'était plus exactement le même, mais il restait mien. J'ai dansé à nouveau. J'ai dessiné. J'ai réouvert la porte à ma spiritualité. C'était profond et tellement ressourçant. Et c'est là que quelque chose a changé. C'est là que l'amour de soi a commencé à se reconstruire, doucement, mais solidement.

La maternité : une opportunité de croissance personnelle inattendue

On parle souvent de maternité comme d'un sacrifice. Une sorte de parenthèse dans la vie d'une femme, où elle serait censée mettre entre parenthèses ses besoins, ses projets, son identité. Pourtant, si on change de regard, la maternité peut être tout autre chose : un **accélérateur de croissance personnelle**, un terrain fertile pour apprendre, se redécouvrir, évoluer.

Il est vrai que la maternité confronte. Elle pousse dans ses retranchements. Elle met en lumière ce qu'on fuit, ce qu'on évite, ce qu'on ne sait pas encore de soi. Mais elle donne aussi des ressources nouvelles : une capacité à faire face, une endurance émotionnelle, une empathie plus fine. Devenir mère, c'est souvent découvrir en soi des forces insoupçonnées.

Certaines femmes découvrent qu'elles savent poser des limites alors qu'elles n'osaient jamais le faire auparavant. D'autres développent une créativité nouvelle pour résoudre les problèmes du quotidien. D'autres encore, en accueillant la vulnérabilité qui vient avec la maternité, se reconnectent à une part d'elles plus sensible, plus profonde.

J'ai vu chez de nombreuses mères — et vécu moi-même — ce mouvement intérieur : celui qui pousse à redéfinir ses priorités, à revoir ses valeurs, à se poser de nouvelles questions sur le sens de sa vie. L'arrivée d'un enfant remet parfois tout à plat. Mais cela peut ouvrir, aussi, un chemin de reconstruction, d'alignement, de maturité.

Il ne s'agit pas de dire que tout est facile, ou magique. Mais bien de reconnaître que **dans le désordre apparent de la maternité, il y a aussi des ressources puissantes qui se révèlent** : la patience, la souplesse, la capacité à lâcher prise, à improviser, à s'adapter.

Et surtout, il y a cette occasion unique : celle de **retrouver du sens**, à travers le lien avec son enfant, mais aussi à travers la manière dont on choisit de vivre ce lien. La maternité, quand elle est vécue avec conscience, peut devenir un véritable tremplin vers une vie plus alignée, plus essentielle, plus vivante.

Témoignages :

> *« En devenant mère j'ai découvert des facettes de ma personnalité que je connaissais pas : ma sensibilité, ma vulnérabilité, ma capacité à être créative et surtout je me suis découverte lionne. J'ai dû en effet combattre pour protéger mon enfant »*
>
> Flore

> *« La maternité m'a appris à dire non, à me faire respecter et à me respecter moi-même : ma belle-mère m'a toujours très mal parlé et rabaissé. Je n'ai jamais su lui répondre, je n'y arrivais pas et je pleurais quand j'étais seule. Une fois enceinte, j'ai eu un élan de protection pour mon enfant (je ne voulais pas qu'elle lui fasse la même chose). En annonçant la grossesse, j'ai tapé du poing sur la table en lui disant stop ! Que les insultes et rabaissements, c'était terminé.*
>
> *Elle n'a plus voulu me parler et n'a jamais cherché à voir son petit-fils. Mais je suis soulagée. C'est la plus sage décision de ma vie. Avant la maternité, je n'aurais jamais eu la force de me positionner comme je l'ai fait. »*
>
> Agathe

> « Avec la maternité, je me suis beaucoup remise en question. Malgré tout ce que j'ai pu lire ou apprendre, j'ai compris que rien n'était acquis. Que j'allais devoir m'ajuster encore et surmonter les blessures de mon enfance. Mais j'ai découvert la maman que je voulais être. J'ai eu une énorme créativité : j'ai inventé des chansons pour mon bébé, pour l'apaiser, et j'ai fait preuve d'une patience hors norme à le bercer pendant des heures. »
>
> Charlène

Vers un équilibre : s'épanouir en tant que mère et en tant que femme

On peut aimer profondément son enfant et, en même temps, ressentir le besoin de rester connectée à qui l'on est en dehors du rôle de mère. C'est une tension intérieure que beaucoup de femmes vivent, souvent en silence, tiraillées entre le désir d'être là pour leur enfant et celui de ne pas s'effacer complètement.

Maintenir une identité propre est essentiel pour ne pas s'oublier. Une femme peut être mère, mais aussi artiste, amie, professionnelle, amoureuse, rêveuse. Il n'y a pas à choisir entre les deux. Plus on prend soin de ces autres facettes de soi, plus on se sent stable, entière, vivante.

Cela passe souvent par des réajustements concrets : accepter de déléguer certaines tâches, organiser son temps différemment, demander de l'aide sans se sentir en faute, créer des moments rien qu'à soi, même courts. Ce peut être une balade seule, un cours de yoga, un moment de lecture ou d'écriture, ou tout simplement du silence choisi.

Et ce n'est pas un caprice. Une mère qui se réalise personnellement envoie un message puissant à son enfant : « *Tu peux, toi aussi, être fidèle à qui tu es* ». Elle lui montre que l'épanouissement personnel est compatible avec l'amour et la présence. Elle devient un modèle d'équilibre possible.

Exercice pratique : visualiser votre maternité épanouissante

Pour terminer ce chapitre, je vous propose un exercice simple, mais puissant : prendre un temps pour imaginer la maternité que vous souhaitez vivre. Pas celle qu'on vous a décrite, ni celle que vous pensez devoir incarner, mais **la vôtre**. Celle qui vous ressemble, qui respecte votre rythme, vos besoins, vos rêves.

A. Pourquoi faire cet exercice ?

Parce que se projeter positivement permet de clarifier ses priorités, de prendre conscience de ce qui est vraiment important, et d'oser envisager des ajustements concrets dans son quotidien. Visualiser, c'est commencer à créer. Lorsque j'ai démarré mon Bullet journal, je me souviens avoir écrit sur ma première page : **« 2020, Rêver en grand »**. C'était quelques mois après la séparation. J'étais encore dans une période de grande confusion intérieure, à la croisée de mes doutes et de mes envies. Plus qu'une promesse, ces quelques mots résonnaient en moi comme une détermination. Je savais seulement que j'avais besoin de croire à nouveau en mes désirs, de me reconnecter à mes élans profonds. Écrire ces mots, c'était un premier pas pour affirmer que j'avais le droit de rêver, même au milieu du chaos quotidien.

Aujourd'hui, c'est avec une profonde satisfaction et un soupçon de fierté que je réalise que la majorité des rêves posés sur ces pages se sont réalisés. Comme s'il avait suffi de les écrire pour que, peu à peu, la vie orchestre naturellement les actions justes pour leur réalisation. Sans forcer, sans tout contrôler, mais simplement en gardant cette direction intérieure présente et ancrée.

Ce geste a été un véritable point de bascule. Il m'a reconnectée à une chose essentielle : ma capacité à imaginer, à espérer, à choisir une direction plutôt que de

subir les événements. Et à comprendre que dans la maternité aussi, il est vital de garder cet espace pour soi : un espace de rêves, de projets, d'élan. Petit à petit, page après page, il m'a aidée à ne pas m'effacer derrière les obligations.
À garder un cap intérieur.

C'est pour cela que je vous invite aujourd'hui, vous aussi, à prendre ce temps : **ouvrir une page blanche et rêver**.

Non pour tout contrôler, mais pour réaffirmer que votre vie de mère peut aussi être un espace de désir, d'expression, d'élan.

B. Comment faire ?

Prenez un moment de calme. Installez-vous confortablement, fermez les yeux quelques instants si vous voulez. Respirez. Et imaginez…

- À quoi ressemblerait votre **journée ou semaine idéale** en tant que mère ?
- Quels seraient les moments partagés avec votre enfant ? Que feriez-vous ensemble ?
- Quels moments garderiez-vous **pour vous** ? Qu'aimeriez-vous y faire ?
- Quel équilibre aimeriez-vous créer entre votre vie familiale et votre vie personnelle ?
- Quelles émotions aimeriez-vous ressentir plus souvent ?
- De quel type de **soutien** auriez-vous besoin ?

C. Et ensuite ?

Notez les éléments clés de cette vision. Ce qui revient souvent. Ce qui vous fait du bien rien qu'en y pensant. Puis, choisissez **une ou deux petites actions** que vous pourrez mettre en place dès cette semaine pour vous en rapprocher. Pas un grand bouleversement. Juste un pas.

Cela peut être :

- **Demander de l'aide une fois cette semaine** (demander à votre sœur de récupérer votre enfant à l'école un soir pour souffler).
- **Bloquer un créneau de 30 minutes pour vous sans l'annuler** (écrire dans votre carnet ou faire une courte méditation, même si la vaisselle n'est pas faite).
- **Dire non à quelque chose qui vous vide** (refuser une invitation à un dîner auquel vous n'avez aucune envie d'aller juste par politesse).
- **Remettre à plus tard une tâche qui peut attendre** (repousser le repassage du linge pour passer un moment de détente).
- **Vous offrir un vrai moment de présence avec votre enfant, sans distraction** (couper votre téléphone et construire ensemble une cabane avec des couvertures dans le salon).

Chaque pas compte. Ce n'est pas la perfection qu'on cherche. C'est un **alignement progressif** avec la maternité que vous souhaitez réellement vivre. Celle qui prend soin de vous, pour mieux aimer, mieux accompagner, mieux respirer, à travers le lien avec son enfant, mais aussi à travers la manière dont on choisit de vivre ce lien. La maternité, quand elle est vécue avec conscience, peut devenir un véritable tremplin vers une vie plus alignée, plus essentielle, plus vivante.

Conclusion

Aimer son enfant ne devrait jamais signifier s'oublier. Au contraire : c'est en se respectant, en se nourrissant intérieurement, que l'on devient capable d'offrir une présence vraie, stable, joyeuse. Malgré, ou peut-être grâce au chaos dans lequel elle a pris vie, ma maternité est devenue un espace de puissance, de douceur, et de transformation.

Je souhaite que ce chapitre vous ait permis de poser un regard nouveau sur votre propre chemin. Dans lequel l'estime de soi peut être désormais perçue comme un socle et la maternité comme un levier de croissance intérieure. Votre équilibre personnel et un cadeau pour votre enfant.

Vous avez le droit de rêver votre maternité. De la vivre à votre façon. De la construire pas à pas, avec vos ressources, vos envies, vos limites. D'en comprendre les obstacles et de les surmonter. Une maternité qui vous inclut, au lieu de vous réduire. Car c'est dans cet espace-là que naît une **relation profondément nourrissante, pour l'enfant comme pour la mère.**

À retenir : vivre une maternité épanouissante

- La maternité peut être une renaissance, pas un renoncement.
  En plaçant l'amour de soi au cœur de sa parentalité, une mère devient plus stable, plus authentique, plus vivante.
- Prendre soin de ses besoins personnels n'est pas égoïste : c'est nourrir un climat affectif plus serein pour son enfant.
- La maternité est aussi un levier puissant de croissance intérieure, révélant force, créativité et capacité à poser des limites.
- Concilier épanouissement personnel et maternité est non seulement possible, mais essentiel pour transmettre à son enfant un modèle d'équilibre et de liberté intérieure.
- Oser rêver sa maternité et l'ajuster à ses valeurs personnelles est un acte d'amour, pour soi et pour son enfant.

Chapitre 14 : La Spirale
de l'Épanouissement : Inverser la Tendance

Rompre le cycle et cultiver l'espoir

Souvenez-vous du tout début : cette sensation d'être prise dans une spirale d'épuisement, de vivre en mode survie, d'avoir l'impression de perdre pied malgré tous les efforts. Ce sentiment de vide, de solitude, cette course permanente sans réelle destination. C'est une réalité que vivent de nombreuses mères — et que j'ai vécue aussi.

Depuis le début de ce chemin, peut-être sentez-vous déjà quelque chose bouger en vous. Une prise de conscience, des élans nouveaux, des gestes plus doux envers vous-même. Peut-être avez-vous commencé à ralentir, à vous écouter, à poser des limites ? Ces premiers pas sont précieux : ils témoignent d'une dynamique intérieure qui s'installe, discrète, mais bien réelle.

Parce que cette spirale n'est pas une fatalité. On peut l'inverser. On peut amorcer un mouvement nouveau, plus doux, plus porteur, plus vivant. Ce chapitre est là pour vous expliquer comment. Comment sortir progressivement de l'épuisement, non pas par un grand bouleversement, mais par une série de gestes, de prises de conscience, d'ajustements concrets qui enclenchent une **spirale d'épanouissement**.

Cette spirale positive, c'est un cercle vertueux : chaque pas vers vous-même nourrit votre force, votre présence, votre joie. Et cela rejaillit sur votre enfant, votre couple, votre quotidien. Ce chapitre reprend les outils, les idées, les élans semés tout au long du livre, pour montrer comment ils peuvent s'articuler ensemble dans un mouvement ascendant, réparateur, et durable.

Du « mode survie » à la « vie épanouie » : les premiers pas hors de la spirale négative

1. Où trouver la force de changer ? Découvrir vos premiers pas vers le mieux-être.

Le « mode survie », on ne le voit pas toujours venir. Il s'installe progressivement. On commence par manquer de patience. Puis on dort mal. On pleure sans raison. On se sent tendue du matin au soir. Et on finit par penser que c'est ça, être mère : supporter, encaisser, tenir bon. Mais non. Ce n'est pas une norme, c'est un **signal**.

La première étape vers le changement, c'est d'oser le regarder en face. Nommer ce qu'on vit. Dire à voix haute — ou l'écrire — : « Je suis fatiguée. J'en ai assez. Je me sens dépassée. » Ce simple fait de mettre des mots, sans filtre ni justification, peut créer un premier espace d'air.

Je me souviens d'Anaïs, une jeune mère qui s'excusait en boucle de pleurer pendant nos échanges. Elle disait : « Je ne devrais pas me plaindre, j'ai un bébé en bonne santé, un mari présent, un travail. Mais à l'intérieur, je me sens vide. » Son point d'ancrage a été cette phrase prononcée un jour : « Je n'ai plus envie de me lever le matin. » C'était dur, mais ça a été aussi le début d'autre chose. Le moment où elle a reconnu qu'elle avait besoin de soutien.

Identifier les signes du mode survie — fatigue chronique, hypersensibilité, automatisme émotionnel, repli, perte de plaisir — ce n'est pas un constat d'échec. C'est une prise de conscience. Une main tendue vers soi-même. C'est ce qui permet de dire : « Je ne veux plus continuer comme ça. J'ai besoin d'autre chose. »

2. Rééquilibrer la balance : agir sur les stresseurs et les ressources

L'outil de la balance présenté dans le premier chapitre reste un repère fondamental, simple, mais puissant. Il ne s'agit pas de changer toute sa vie du jour au lendemain, mais de commencer à regarder honnêtement : qu'est-ce qui me vide ? Qu'est-ce qui me ressource ?

Prenons l'exemple de Karine, maman de deux jeunes enfants, qui me disait : « Je me lève déjà épuisée. Tout était devenu lourd : les repas, les pleurs, les devoirs, même les rires. Je ne me reconnais plus. » Quand elle a pris le temps de faire sa balance, elle a réalisé que ses journées étaient presque entièrement composées de stresseurs : charge mentale, attentes professionnelles, absence de pause, solitude. La seule ressource qu'elle avait identifiée ? Le trajet en voiture, seule, entre la crèche et le travail.

À partir de là, elle a commencé petit : elle a décalé un appel hebdomadaire qu'elle subissait, pour en faire un moment de promenade. Elle a parlé à son conjoint du besoin de ne plus porter seule les courses et les repas. Elle a inscrit dans son agenda un créneau de lecture, comme un rendez-vous sacré. Et peu à peu, elle a ressenti un allègement.

À l'inverse, Julie, elle, pensait qu'elle n'avait « pas de raison de se plaindre », parce qu'elle avait du soutien logistique. Mais son équilibre émotionnel était à plat. Son stresseur principal était sa propre exigence : l'idée qu'elle devait tout gérer seule. Elle a compris, en faisant l'exercice, que ce n'était pas l'aide qui manquait, mais la permission intérieure de s'en servir. Elle a commencé à dire non. À ralentir. Et cela a suffi à ouvrir un nouvel espace.

Réduire les stresseurs, c'est parfois se désengager d'une activité qui nous épuise, arrêter de vouloir tout faire parfaitement, accepter qu'on ne peut pas plaire à tout le monde. Augmenter les ressources, c'est se reconnecter à ce qui nous fait du bien — lire, danser, appeler une amie, prendre un bain, marcher, ne rien faire.

C'est dans ces gestes concrets, choisis avec bienveillance, que la spirale commence à tourner autrement, dans l'autre sens. Une balance réajustée, même légèrement, peut déjà faire une grande différence.

3. Les premiers effets concrets : briser le cercle vicieux

Dès que l'on commence à alléger un peu la pression, à s'accorder un peu plus de douceur, les effets positifs se manifestent. Parfois timidement, parfois de façon inattendue. Mais ils sont bien là.

Il y a cette maman qui, après avoir osé demander de l'aide à sa sœur pour garder les enfants un mercredi après-midi, m'a dit : « J'ai juste dormi deux heures, et pourtant j'ai l'impression d'avoir changé de peau. » Une autre a confié qu'après avoir remplacé 30 minutes de scrolling sur son téléphone par une promenade quotidienne, elle se sentait plus apaisée le soir, plus disponible pour ses enfants. Des gestes simples, mais qui ont un pouvoir immense.

Ces petits changements initient un mouvement : on se sent un peu moins à cran, on dort un peu mieux, on supporte mieux les cris ou les imprévus. Et cela suffit parfois à redonner de l'élan. C'est ainsi qu'on commence à briser le cercle vicieux. Parce qu'on n'est plus uniquement en train de « tenir bon », on commence à respirer.

Et quand on respire, on voit plus clair. On redevient capable de choisir, de réagir avec plus de distance, de reconnecter à ce qui compte vraiment. C'est la somme de ces micro-victoires qui ouvre la voie à une spirale ascendante. Non pas une métamorphose magique, mais un glissement progressif vers une vie plus douce, plus alignée.

Dès qu'on commence à réduire un stresseur ou à ajouter une ressource, les effets se font sentir. Moins de tensions, un sommeil un peu plus réparateur, une meilleure tolérance aux imprévus. Ce sont de petits changements, mais **ils ont un effet cumulatif**. Ils cassent l'automatisme du stress chronique.

Les bénéfices multiples : les cercles vertueux de l'épanouissement

Un corps qui retrouve de l'énergie

En dormant mieux, en mangeant avec plus de régularité, en se reposant quand c'est possible, le corps reprend des forces. Le brouillard mental s'allège. L'envie revient. La vitalité aussi.

Des émotions plus stables, un lien plus vivant

Sortir du mode automatique permet de redevenir pleinement présente. L'irritabilité diminue. On entend mieux son enfant, on se sent plus proche, plus à l'écoute. Et la relation redevient source de plaisir, pas seulement de devoir.

Un esprit plus léger, une charge mentale allégée

Poser des limites, déléguer, se libérer du perfectionnisme : cela crée de l'espace. Moins de pression intérieure, plus de respiration. Et un sentiment croissant de maîtrise sur son quotidien.

Un « je » qui se reconnecte à ses besoins

On se remet à lire, à écrire, à marcher seule, à rêver. Les envies refont surface. L'identité personnelle s'élargit à nouveau. On n'est plus seulement en réaction, on revient à l'initiative.

Des relations familiales plus harmonieuses

Quand on va mieux, on peut mieux dialoguer. Les conflits s'apaisent, le couple peut redevenir une équipe. On ose demander, clarifier, partager la charge. Et l'enfant se sent plus en sécurité, car le lien est plus stable.

Objectifs atteints : les transformations visibles

Quand la spirale commence à s'inverser, ce ne sont pas seulement les sensations intérieures qui changent (se sentir moins fatiguée, moins étouffée, plus détendue). Le quotidien, lui aussi, se transforme. Et cette transformation, bien que souvent progressive, se voit, se ressent, s'incarne.

- Une maman me disait : « Avant, je subissais mes journées comme une vague qui m'écrasait. Aujourd'hui, je sens que j'ai repris la main. » C'est cela, passer d'un quotidien subi à un quotidien choisi. On n'est plus simplement en train de survivre, on recommence à faire des choix, à poser des intentions, à vivre vraiment.
- Une autre confiait : « Je n'aurais jamais cru pouvoir dire ça un jour, mais je me sens compétente. J'ai confiance en ma manière d'être mère. » Cette confiance ne vient pas d'un manuel. Elle naît de l'expérience, des ajustements, du retour à soi.
- La maternité devient alors moins un terrain de lutte qu'un espace de lien, d'échange, parfois même de joie. Les tensions quotidiennes n'ont pas disparu, mais elles prennent moins de place. Elles ne définissent plus toute la relation.
- On devient plus résiliente. On ne s'effondre plus à la moindre contrariété. Une nuit hachée ou un rendez-vous oublié ne déclenchent plus une crise intérieure. On sait qu'on a les ressources pour faire face.
- Et surtout, on retrouve ce sentiment si précieux d'être actrice de sa propre vie. On ne la regarde plus passer

depuis la ligne de touche. On y est, pleinement. Avec ses imperfections, ses hauts, ses bas. Mais avec présence.
- Ce détachement de l'image de la mère parfaite libère une énergie immense. On cesse de courir après un idéal inaccessible. On se choisit, authentique, vraie, parfois fatiguée, souvent suffisante.
- Enfin, chez certaines femmes, cette transformation ouvre aussi des portes plus profondes. Des blessures anciennes commencent à cicatriser. Des schémas transmis, portés depuis l'enfance, peuvent être déposés. On ne reproduit plus. On crée du nouveau.

Ces transformations sont la preuve que la spirale de l'épanouissement est bien plus qu'un concept. C'est un mouvement vécu, incarné, palpable. Et c'est ce qui fait toute la différence.

Conclusion

Reprendre le pouvoir sur sa vie, pas à pas, voilà ce que permet la spirale de l'épanouissement. Ce n'est pas une ligne droite ni un miracle soudain. C'est une dynamique douce, mais profonde, qui transforme le rapport à soi, aux autres, à la maternité.

Ce chapitre n'a pas pour but de vous faire croire que tout devient facile. Mais il est là pour vous rappeler que des issues existent, que l'épuisement n'est pas une identité, mais un état transitoire. Et que chaque petit geste en votre faveur — une sieste volée, un non posé, un regard tourné vers vous — est une victoire.

Car l'épanouissement maternel ne repose pas sur l'accumulation d'efforts, mais sur une posture intérieure : celle qui choisit la douceur, la conscience, la présence.

Ce que vous avez lu ici n'est pas une fin en soi, mais une base solide pour poursuivre votre propre chemin, à votre rythme. Et ce chemin peut devenir chaque jour un peu plus léger, un peu plus lumineux, à mesure que vous apprenez à vous respecter, à vous écouter, à vous aimer.

À retenir : inverser la spirale de l'épuisement maternel

L'épanouissement commence par des petits pas conscients vers soi-même.

- **Reconnaître** que l'épuisement n'est pas une fatalité, mais un signal d'alerte à écouter.
- **Nommer** ce que l'on ressent permet d'ouvrir un premier espace de changement.
- **Rééquilibrer** la balance entre stresseurs et ressources, un pas après l'autre, initie une dynamique positive.
- **Agir concrètement** (alléger la charge, demander de l'aide, cultiver des moments pour soi) enclenche un cercle vertueux.
- **Observer les effets positifs,** même minimes : plus d'énergie, d'émotions stables, d'harmonie dans les relations.
- **Retrouver sa place** comme actrice de sa vie et non comme spectatrice du quotidien.

Chaque geste en faveur de soi, aussi discret soit-il, participe à inverser la spirale. L'épanouissement n'est pas un sommet à atteindre, c'est un chemin de respect, de douceur et de présence à soi.

CONCLUSION
UNE TRANSFORMATION INTERIEURE POUR UN IMPACT EXTERIEUR

Un voyage ensemble vers une maternité vibrante

Tout au long de ce livre, nous avons traversé ensemble des étapes essentielles : comprendre l'épuisement, renouer avec l'amour de soi, repenser l'organisation, et cultiver une connexion authentique avec son enfant. Ce parcours n'a pas été une simple réflexion théorique. Il a été une invitation à se transformer, de l'intérieur vers l'extérieur. Chaque étape a été une pierre posée sur le chemin d'un épanouissement durable.

Aujourd'hui, vous n'êtes plus au même endroit qu'au début. Peut-être ressentez-vous une conscience plus vive de vos besoins. Peut-être avez-vous expérimenté de premiers ajustements, savouré quelques instants de calme retrouvé, osé poser vos premières limites ? Chaque pas compte. Chaque prise de conscience, chaque geste bienveillant envers vous-même, a semé des graines de changement.

Et voici le message central : vous n'avez pas besoin d'atteindre vos limites pour commencer à prendre soin de vous. L'amour de soi n'est pas une réparation en urgence. C'est une ressource quotidienne, une pratique vivante à intégrer dans chaque geste, chaque choix, chaque souffle. Cette conclusion n'est pas une fin, mais un tremplin. Un appel à l'action. Une invitation à vous engager pleinement sur le chemin de votre propre bien-être.

Les clés d'un épanouissement proactif : agir avant la crise

L'épuisement ne prévient pas toujours. Mais vous pouvez choisir de ne plus l'attendre. En cultivant une conscience plus fine de vos ressentis, de vos besoins, vous vous donnez les moyens d'anticiper, d'ajuster, de protéger votre énergie.

Ce livre vous a montré que :

- La conscience de soi est le point de départ (Partie 1),
- L'amour de soi est une fondation, non un luxe (Parties 2 & 3),
- L'organisation n'est pas une charge de plus, mais un soutien (Partie 2),
- Et la connexion à soi, à l'autre, à l'enfant est une source d'équilibre durable (Partie 3).

Prendre soin de vous n'est pas une récompense à la fin de la journée : c'est une hygiène de vie émotionnelle. Cela commence par de petits gestes concrets : quelques minutes de calme, une respiration consciente, une boisson chaude savourée sans culpabilité. Ce sont ces microchoix qui changent durablement la dynamique.

Mais il ne suffit pas de comprendre. Il faut agir. Le vrai changement vient de l'expérimentation. Vous avez tout en vous pour commencer aujourd'hui.

S'engager sur la voie de l'épanouissement : votre rôle actif

Vous êtes actrice de votre propre bien-être. Ce n'est pas une injonction, c'est une promesse. La promesse que vos besoins comptent. Que votre équilibre est une priorité légitime !

Voici quelques pistes pour engager concrètement ce changement :

- Choisissez une ou deux actions concrètes issues de ce livre à mettre en place dès aujourd'hui : un moment pour vous, une tâche déléguée, une nouvelle habitude.
- Fixez-vous des objectifs progressifs, réalistes. L'important n'est pas d'en faire beaucoup, mais d'en faire un peu avec constance.
- Appuyez-vous sur la découverte de vos premiers pas vers le mieux-être (Chapitre 14) : ces déclics intérieurs, ces raisons profondes qui vous poussent à faire autrement.
- Accordez-vous le droit d'ajuster. Ce chemin n'est pas linéaire. Ce qui vous convient aujourd'hui peut évoluer demain. Écoutez-vous, toujours.

Les bénéfices ? Ils sont déjà là, dès les premiers gestes : un souffle plus profond, une patience retrouvée, un regard plus doux porté sur vous-même. Et à long terme, c'est tout votre quotidien qui s'en trouve transformé.

Votre réussite est entre vos mains : un avenir épanoui vous attend

Vous avez en vous le pouvoir de transformer votre maternité, de la vivre à votre image. Ce livre vous a transmis des clés, mais c'est vous qui tenez la porte. Croyez en votre capacité à changer, à choisir, à vous épanouir. Vous n'avez pas besoin d'être parfaite. Vous avez seulement besoin d'être présente à vous-même.

Les outils sont là. Le savoir aussi. Il ne manque que votre engagement. Un engagement doux, ajustable, mais sincère. Car vous êtes la seule à pouvoir créer cette maternité vivante, sereine, aimante à laquelle vous aspirez.

Alors, prenez soin de vous. Prenez votre place. Autorisez-vous à vivre pleinement ce rôle de mère, sans vous oublier.

Votre bien-être est une richesse, pour vous, pour votre enfant, pour votre entourage.

Merci d'avoir permis à ce livre de vous accompagner. Merci pour votre confiance, votre écoute, votre sincérité. Ce que vous avez semé aujourd'hui peut fleurir longtemps.

Et n'oubliez jamais : votre histoire continue. Et vous êtes exactement là où vous devez être.

REMERCIEMENTS

Avant tout, je voudrais remercier ma fille. Ma plus douce source d'inspiration.

Celle qui a fait de moi une mère, celle qui a élargi mon cœur au-delà de tout ce que j'aurais pu imaginer. Merci à elle d'exister, de m'avoir choisie, de m'avoir soutenue — et d'avoir fait preuve d'une infinie patience tout au long de l'écriture de ce livre. Chaque sourire, chaque élan de tendresse, chaque éclat de rire partagé a nourri mes mots et leur a donné vie.

Ma gratitude profonde va aussi vers ma famille et mes amis : Dolorès, ma sœur au soutien indéfectible. Marjorie, ma nièce, dont la bienveillance a accompagné chacun de mes doutes. Marc, Carolina, Caroline, chers amis fidèles, pour vos relectures, vos conseils, vos encouragements qui m'ont portée quand l'énergie venait à manquer. Merci d'avoir cru en ce projet même dans ses balbutiements.

Merci au Docteur Rosellini, pour sa confiance, sa générosité et son engagement. À la fois pédiatre bienveillant pour ma fille et collègue inspirant au sein de l'association **HEUREK**, il incarne ce rêve d'une parentalité plus sereine pour les générations à venir.

Je veux aussi remercier chaleureusement mes deux coachs en écriture, Laura Wassink et Meily Chen. Merci pour votre patience infinie face à mes doutes, mes réécritures sans fin, ce perfectionnisme qu'il a fallu apprivoiser pour que ce livre voie le jour. Votre regard bienveillant, vos encouragements constants et votre exigence douce ont été essentiels.

Un merci tout particulier à **Gwendolyne Courjaud Rodriguez**, alias *Gwendo-Lyne Photographe* sur

Instagram. Avec une finesse et un sens artistique remarquables, tu as su capter l'essence de ce projet à travers tes clichés. Ta photo de couverture, ainsi que ton regard sensible posé sur mon portrait, ont offert une véritable âme visuelle à ce livre. Merci d'avoir transformé en images l'émotion que mes mots tentaient de transmettre.

Enfin, merci aux enfants que j'ai accompagnés pendant plus de vingt-cinq ans. C'est dans leurs regards, dans leurs silences, dans leurs éclats de rire que j'ai puisé l'élan d'écrire pour leurs mamans. Merci à toutes les mères croisées sur mon chemin — en cabinet, dans mon groupe privé des **Mamans Phénix,** et au-delà. Merci pour votre confiance, pour vos histoires partagées, pour votre courage. Merci de m'avoir permis de mieux comprendre, d'oser écrire, d'oser espérer.

Et bien sûr, merci à vous, lectrices, qui avez fait le choix d'ouvrir ce livre, d'y chercher du soutien, du réconfort, des réponses.

Votre présence donne un sens profond à chaque page écrite.

Ce livre est le vôtre, autant que le mien. Il est né de vous, pour vous, et avec vous.

À PROPOS DE L'AUTRICE

Solange Breto est psychologue spécialisée dans l'accompagnement des enfants, des adolescents et de leurs parents depuis plus de vingt-cinq ans. Diplômée d'un Master 2 en Psychologie de l'Enfant et de l'Adolescent (Université Paul Valéry Montpellier III/Université du Québec à Montréal), elle a enrichi son parcours par des spécialisations en Victimologie, Criminologie et dans la prévention du burn-out parental.

Passionnée par la parentalité, elle croit profondément que le bien-être des enfants commence par celui des adultes qui les accompagnent. À travers son écoute attentive et ses méthodes éprouvées, elle aide les mères à retrouver énergie, confiance et harmonie dans leur quotidien.

Son expérience de la maternité, conquise avec foi après un parcours d'infertilité, a profondément transformé sa vision professionnelle. Elle a conçu une méthode d'accompagnement fondée sur les dernières recherches scientifiques et sur la richesse de son propre chemin de vie.

Solange Breto accompagne aujourd'hui les mères fatiguées ou épuisées à travers son cabinet, son programme en ligne, ainsi que son groupe de soutien privé **« Les Mamans Phénix »**.

Pour découvrir ses ressources gratuites et son programme d'accompagnement : solangebreto.com

Pour prendre un rendez-vous découverte :

https://calendly.com/s-breto/appel-decouverte-1

Pour rejoindre son groupe privé de soutien : Les Mamans Phénix

BIBLIOGRAPHIE ET RESSOURCES

Roskam, I., & Mikolajczak, M. (2018). Le burn-out parental : Comprendre, diagnostiquer et prendre en charge. Paris : Odile Jacob.

Holstein, L. (Préface). (2018). Le Burn-out parental : L'éviter et s'en sortir.

Kondo, M. (2011). La magie du rangement. Paris : First Éditions.

Kondo, M. (2018). Ranger : l'étincelle du bonheur. Paris : First Editions.

Shankland, R. (2016). La psychologie positive. Paris : Dunod.

Emmons, R. A. (2016). Les pouvoirs de la gratitude. Paris : Odile Jacob.

Emmons, R. A. (2017). Le petit guide de la gratitude. Paris : Eyrolles.

Loreau, D. (2005). L'art de la simplicité. Paris : Marabout.

Loreau, D. (2011). Faire le ménage chez soi, faire le ménage en soi. Paris : Marabout.

Loreau, D. (2013). La magie des listes. Paris : Marabout.

Carroll, R. (2018). Bullet Journal : Méthode d'organisation personnelle. Paris : M6 éditions.

André, C., & Lelord, F. (2006). L'estime de soi : S'aimer pour mieux vivre avec les autres. Paris : Odile Jacob.

André, C. (2009). Imparfaits, libres et heureux : Pratique de l'estime de soi. Paris : Odile Jacob.

Mertens, N. (2022). Simplifiez-vous la cuisine. Belgique : Auto-édition.

Duclos, G. (2011). Attention, enfant sous tension ! Le stress chez l'enfant. Montréal : Éditions du CHU Sainte-Justine.

Parent, N. (2019). Enfants stressés ! Tout ce qu'il faut savoir pour aider votre enfant à grandir sereinement. Paris : Éditions Michel Lafon.

Seidah, A., & Geninet, I. (2020). L'anxiété apprivoisée : Transformer son stress en ressource positive. Montréal : Éditions Trécarré.

Snel, E. (2018). Calme et attentif comme une grenouille : La méditation pour les enfants... avec leurs parents. Montréal : Éditions Transcontinental.

Sileo, F. J., & Zivoin, J. (2022). La pleine conscience : Une pause juste pour toi. Montréal : Éditions Dominique et compagnie.

COORDONNEES

Facebook : @solange.breto

Instagram : @bretosolange

LinkedIn : @Solange Breto

Mon site : https://solangebreto.com/
ou en scannant ce QR code :